立人天地

世界前沿教育书系

CORWIN

THE CLARITY SERIES

参与度研究：防止厌学的诀窍

CREATING PASSIONATE LEARNERS

[美] 金姆·布朗 (Kim Brown)
托尼·弗龙捷 (Tony Frontier) 著
唐纳德·J. 维古特 (Donald J. Viegut)
邵倩 译

黑龙江出版集团
黑龙江教育出版社

版权登记号：08-2016-026

图书在版编目（CIP）数据

参与度研究：防止厌学的诀窍 / (美) 金姆・布朗 (Kim Brown)，(美) 托尼・弗龙捷 (Tony Frontier)，(美) 唐纳德・J.维古特 (Donald J. Viegut) 著；邵倩译. -- 哈尔滨：黑龙江教育出版社，2016.8
ISBN 978-7-5316-8972-0

Ⅰ.①参… Ⅱ.①金… ②托… ③唐… ④邵… Ⅲ.①教育理论 Ⅳ.①G40

中国版本图书馆CIP数据核字(2016)第220250号

参与度研究：防止厌学的诀窍
CANYUDU YANJIU: FANGZHI YANXUE DE JUEQIAO

作　　者　金姆・布朗(Kim Brown)　托尼・弗龙捷(Tony Frontier)　唐纳德・J.维古特(Donald J. Viegut)　著
译　　者　邵　倩　译
选题策划　王春晨
责任编辑　彭剑飞
装帧设计　Amber Design 琥珀视觉
责任校对　孙　丽

出版发行　黑龙江教育出版社（哈尔滨市南岗区花园街158号）
印　　刷　北京鹏润伟业印刷有限公司
新浪微博　http://weibo.com/longjiaoshe
公众微信　heilongjiangjiaoyu
天 猫 店　https://hljjycbsts.tmall.com
E-mail　heilongjiangjiaoyu@126.com
电　　话　010—64187564

开　　本　700×1000　1/16
印　　张　11.5
字　　数　142千
版　　次　2016年11月第1版　2016年11月第1次印刷
书　　号　ISBN 978-7-5316-8972-0
定　　价　28.00元

目录 / contents

序 …… 1
前言 …… 5

第一章　简述防止厌学的诀窍 …… 1
1. 落伍的教育 …… 1
2. 超出下一项任务 …… 2
3. 政策的意图和随之而来的讨论 …… 3
4. 推动当前环境的假设 …… 5
5. 备用前提：人文主义的教育方法和认知主义的学习方法 …… 8
6. 实践从过去走向前：21 世纪学校的新假设 …… 10

第二章　致力于参与素养 …… 13
1. 测试成绩不能以偏概全 …… 14
2. 搜寻更多 …… 15
3. 学生参与的定义 …… 16
4. 参与的重要性 …… 18
5. 误把服从当参与 …… 19
6. 从更细微处看学生参与的类型 …… 21
7. 参与易受教师和学校的影响 …… 22

第三章　心态的力量 …… 26
1. 心态 …… 27

2. 努力的力量 …… 32
3. 杠杆心态 …… 33
4. 改变和心态有关的心智模型来影响学生参与度 …… 34
5. 成年人的效率和学生的效力 …… 35
6. 学生心理状态的相关性 …… 35
7. 从思维定式到成长思维 …… 37
8. 成长心态对情绪、行为和认知参与的影响 …… 40
9. 性格的重要性 …… 41
10. 性格：现在和将来 …… 42
11. 性格对防止厌学的影响 …… 43
12. 具有成长心态的性格 …… 44
13. 强化学生性格的课堂策略 …… 47
14. 成长心态如何支持有热情的学生 …… 49

第四章　内心对话 …… 51
1. 内心对话 …… 51
2. 用积极假设影响学生对自己的看法，并转化为课堂上的自信 …… 53
3. 有意识地使用语言，培养学生内心对话 …… 55
4. 深思熟虑的语言效力 …… 58
5. 认真反馈，帮助学生反思 …… 60
6. 在反馈中重视学生的发言权 …… 62
7. 形成性评估和形成性反馈策略 …… 63
8. 当学生自我改正时 …… 65
9. 内心对话对情绪、行为和认知参与的影响 …… 66
10. 内心对话的性格 …… 67
11. 内心对话如何防止厌学 …… 69

第五章　自我决定……72
1. 自我决定理论……72
2. 支持自治的教师和控制欲强的教师之间的不同……76
3. 自我决定对情绪、行为、认知参与的影响……76
4. 自我决定的性格……77
5. 教师眼中的自我决定……78
6. 自我决定怎样防止厌学……78

第六章　教室文化……82
1. 设定参与基调……82
2. 文化的定义……84
3. 支持认知参与的目的和承诺文化……87
4. 支持情绪参与的目的和承诺文化……92
5. 支持行为参与的目的文化……98
6. 热情紧缩器……113
7. 和教师说悄悄话……115
8. 文化的性格……117
9. 文化如何支持充满热情的学习者……123

第七章　高层次改革……124
1. 作为高层次改革过滤器的学生参与……126
2. 案例学习：事务性改革和变革性改革的例子……126
3. 决定高层次改革策略的考量和启示……130

第八章　引领防止厌学的变革……132
1. 变革性改变和学校领导系统工作的计划……134
2. 行动中的变革型领导力……135

3. 影响领导对学生参与更高的承诺 …………………………………… 137
4. 引导领导关注学生参与度 …………………………………………… 144

附　录……………………………………………………………………… 150
致　谢……………………………………………………………………… 151
参考文献…………………………………………………………………… 153

序

我们的教育体系正受到习惯做法的左右，而不是普通常识。比如，古老的贝尔系统维持的严格时间表、过多的标准化考试。这样的实践通常是由基本不与学生在一起的人决定的，这样的实践当然具有局限性。其结果是阻碍了真正激发充满热情的学习的文化（文化受到信任、责任和人际关系的推动），也阻碍了对于自己和他人的积极态度、目标明确的真正合作和有意义的参与。这些都是课堂之外的真实生活，这不就是我们为学生们准备的吗？教室里发生的事情应该模仿真实生活中的学习。缺乏了这些，任何事情都毫无意义。

这本《参与度研究：防止厌学的诀窍》（*Creating Passionate Learners*）非常有意义。作者布朗（Brown）、弗龙捷（Frontier）和维古特（Viegut）熟练地把最有影响力的研究和实践汇总，用容易被教师和学校领导接受的方式分享出来。正如有人全心全意地相信并捍卫学生发言权的重要性一样，当我说作者因为一贯站在学生的角度看待学习而受到赞扬时，我必须承认我的偏见（虽然我是一个明智的人）。他们承认，学生不仅是改善教育的重要贡献者，而且他们确实是需要改进的原因。

布朗、弗龙捷和维古特认识到，不仅要确保学生有发言权，学生还必须是学校改进过程中不可或缺的核心部分。作者尊重学生，把学生看作学习中的积极参与者，这贯穿了本书始终。学生不仅仅是一个象征性的角色，他们应该在学校发出真实的声音，对学业有着明确的目标。夸格利亚学生愿望研究所的研究发现，当学生有发言权时，他们更有可能在学业上产生动机，这种可能性是没有发言权时的7倍。只有当学生产生了学习动机，他们才会切实地参与学习。

什么是有意义的参与？答案很复杂。但是作者通过查阅本领域丰富的信息库，已经回答了这个问题，最终将其发展为培养充满热情的学习者的框架。这个框架的核心是由四个提示确定的信条：成长心态（“我是”）、内心对话（“我认为”）、自我决定（“我将要”）和文化（“我们是”）。作者不仅有效实现了综合信息的艰巨任务，而且他们也用一种能够立即消化和应用的方式传达它。把带有实际建议的事例整合起来，确保教师和学校领导可以在自己的学校立即提出这四个因素。

应该直截了当地提出参与的需要。当我读了《参与度研究：防止厌学的诀窍》后，我开始反思自己的教育工作，认识到学生缺乏参与如何导致出现差距——学习者在头脑、心脏和灵魂的差距。怎样才能填平这一差距？受到吸引并参与进来的学生必须在自己的学习环境里体验乐趣和兴奋。他们应该融入自己的学习，以至于忘记了时空，惊讶于课堂时光怎么过得飞快。学生应该是充满好奇和创造力的，对他们周围的世界会问“为什么？”或者“为什么不？”然后积极寻找答案。参与的学生有冒险精神，无论成败，他们并不害怕尝试新事物。

有了参与，学习和参与学习就变得重要起来。夸格利亚研究所的研究发现，当学生们深入地有热情地参与进来后，他们就想要学习新东西，心甘情愿踩着积极健康的步伐走向未来，他们更有可能在学业上产生动机，这种可能性是没有参与进来时的17倍。

《参与度研究：防止厌学的诀窍》把学生放在正确的位置上，在一切事务上引领他们参与，培养他们自主学习的动机。通过尊重学生，把学生看作学习过程中的合作伙伴，倾听学生的声音，布朗、弗龙捷和维古特倡导读者和学生一起工作，提高参与度，最终消除参加差距。

《参与度研究：防止厌学的诀窍》里的观点，强调了提高参与度且以学生为中心的领导力。当学校认识到学生发言权的重要性后，开始并付诸实践，培养充满热情的学习者，学生们将更有可能拥有较高的期望。志存高远的学生表现出在学校社区中学业成绩、社会意识和积极贡献的明显提高。当所有的学生都开始相信自己、积极参与学习、理解今天学到的知识会影响将来的自己时，实现更大的目标便成为可能，这个目标是帮助学生最大限度地发挥自我潜力。教育一定不只是准备考试，它必须培养学生在生活中充满学习热情。这很有道理。

我非常欣赏作者布朗、弗龙捷和维古特，因为他们提高了对学生参与的理解和学生参与对教育的重要性。《参与度研究：防止厌学的诀窍》是一种资源，一种有助于推动变革的资源。

拉塞尔・J.夸格利亚博士（Dr. Russell J. Quaglia）

前　言

学生的学习之旅可以普普通通，也可以不同寻常，这取决于他们对教育的参与程度。当前，在探索新方法方面进行思考的学习者们，不管结果怎样，一直在坚持多次尝试、挑战自我，相信他们的付出定会有收获。

想想小说《哈利·波特》，J.K.罗琳笔下的英雄面临内部和外部战斗时，聆听内心的声音，愈挫愈勇。我们作为学习者，也要踏着英雄之旅，聆听冒险的召唤，接受挑战，战胜恐惧，获得我们寻找的宝藏。

这些宝藏是给作为读者的你，来开始一段帮助学生获得学习热情的旅程。拿起这本书，你就开始了自己的冒险旅程。你会发现，为什么学生参与度是我们所有努力的核心，还会发现参与怎样成为学生成功的决定性因素。你会着手一项任务，通过开发一种聚焦于学生参与的度量标准，来扭转学生低参与度的现状。

你会研究一个把教师反馈和学生心态、成就、热情的意识和理解相联系的框架，这个框架可以带来专业实践的改善，最终提高学生成就。你将学习如何把学生的成就摆在专业成长和发展对话的最前沿。

为了专业成长和发展而使用这本书，找到切实可行的参与战略、关键短语和问题，朝着真正的参与和成长方向，与学生一起努力。效仿下面学校改善规划中有关参与的核心例子，这些例子贯穿于本书始终，为的是理解学生参与对家庭、教育工作者和我们的学生产生了怎样的影响。

关于本书的内容，提前在这里简单介绍一下。

前六章展示了培养充满热情的学习者的框架。最后两章讨论了高层次的改革以及领导如何支持这一框架。

第一章提出了一个论点，通过历史的角度，聚焦于学生参与。探索和思考了教与学的另一种方法，并提供了一些积极的实践案例。

第二章帮助形成了教育工作者对认知参与、行为参与和情绪参与的理解，学习如何创建参与的文化，强调每一间教室、每一栋教学楼和每一个地区的评估素养。

第三章带领读者探索了心态的力量，了解教师对学生的关注如何改变了心态，对一个孩子的成绩有了新的认识。教师营造的教室环境可以让学生对风险、成长和参与产生厌恶情绪或是相反。

第四章介绍了积极的语言如何帮助培养学生的内心对话，还有教师的恰当用词如何有助于学生的反思。教师的积极推测影响了学生对自己的看法，并转化为教室里的信心。

第五章解释了自我决定的重要性，当学生感觉到教师支持学生的自主性时，学生会产生积极的反应，并提供了研究案例。

第六章讨论了如何设置教室文化和参与基调，这主要是通过定义和认识文化、了解挫伤学习热情的因素。

第七章强调了培养充满热情的学习者的框架如何用来支撑更高层次的改革。

第八章帮助主要是学校和区域领导理解如何引领防止厌学的变革，并对其进行规划，以培养充满热情的学习者。

培养充满热情的学习者的框架把本书作为一个整体，书中每一章都有存在的原因。现在是你接受挑战、消化本书的概念、充分吸引学生，从而使学生能够充分发挥其潜能的时候了。

第一章　简述防止厌学的诀窍

1. 落伍的教育

1950年，几乎一半的成年美国人吸烟。到1970年，这个数字下降至38%。时至今日，吸烟人数已不到20%。这期间发生了什么？1950年，一本享有声望的美国医学期刊和一本同样有声望的英国医学期刊各发表一项研究，研究发现吸烟与癌症有着密切的联系。直到20世纪60年代初期，科学共识达成，通过立法，要求烟盒上印刷警告标志，限制香烟广告。1988年，联邦航空管理局禁止在飞机上吸烟。2002年，美国一个州首次通过立法来禁止公共场所的吸烟行为。就在最近，美国头号医疗保健公司停售香烟。

当然，香烟易引发癌症、心血管疾病和呼吸疾病，在现在看来已成为常识。但在1950年，真理就是成年人有权利吸烟。只有通过研究、耐心和时间，人们才能够摒弃一系列习惯，而这些习惯通过与香烟有关的陈旧观念、规范和惯例被评判为合情合理。当吸烟无害的观点遭到反驳时，争论就演变成“但是成年人有自主选择的权利”。当二手烟影响研究结论反驳了成年人有自主选择权的言论时，吸烟的公共利益研究与健康公共利益政策之间的分歧再也无法立足，这得到广泛共识。过去的政策和实践“事实”落后于经验证据和研究长达50年之久。

所谓时代错误，就是明显不符合现代时宜的对象或行为。试想，当你走入一家蓬勃发展的互联网创业公司的办公室，秘书向你打招呼时，桌上放着一台打字机和一台拨号盘电话，这就是时代错误。她向你问好，如果你是男性，她询问是否帮您脱帽，这就是时代错误。如果您是女性，她询问你是否留下而不给丈夫做饭，这就是时代错误。今天，看到某个人在飞机、餐馆或学校里吸烟，正如不合时宜的秘书一样成为时代错误。研究、信仰、规范、惯例和政策最终融合为一种习惯，这种习惯让持有公共场所吸烟观点的人感觉自己好似来自一个与现代完全不符的过去。

我们相信，教育也处于一个类似的交叉路口。两方面的分歧日益加深，一方面是学习者和学习的公共利益研究，另一方面是学校和教育的公共利益政策。教育的本质和学校受控运转的本质，都扎根于一套体系，这套体系受到过去根深蒂固的信仰、规范和惯例的评判。证据一再表明，为了在21世纪取得成功，学生们需要提高技能、完善性格。大量政策和实践贯穿学校教育的始终，指引教育者和学习者努力的方向，但这些政策和实践就像扶手上的烟灰缸：无所不在，但不合时宜。

本书要证明的就是，大量知识、技能和性格在过去一百年里被奉为教育的本质，但不能再服务于数字时代的学生。本书要证明的就是，大量学校问责的政策和措施，不仅与21世纪不相干，而且与公共利益背道而驰。本书要证明的就是，学生离开学校后如何学习可能比在学校所学的知识更重要。本书提倡以学生参与度建设为核心的体系，而不是诱骗学生顺从的体系，也提倡以学生为中心的课程体系以及支持学生自主性的教学策略。

2. 超出下一项任务

最近，美国12年制中小学教育的改革之风悄然兴起，新的标准、新的评价、新的评估过程以及新的问责措施不断涌现，任课教师和教学领导都患上了自发性疲劳。每个举措似乎都需要一套新的认识、技巧和策略，才能得到有效实施。伴随着疲劳，很多教育工作者提出同一个问题：姑且不考虑有效实施，我们怎样才能理解所有标新立异的期望？

在远离美国海岸的地方，澳大利亚墨尔本大学的约翰·哈蒂（John Hattie），一直在冥思苦想一个更大的问题：怎样的教学实践对学生学习的影响最深刻？哈蒂有一项大规模的教育研究，现在已经结题。在该研究中，哈蒂解答了这个问题。超过53000项教育研究和8300万名学生的样本得到了一系列分析，然后，他对400多种不同实践带来的影响进行排序。随着研究取得进展，他得到一个惊人的结论。他认为，有两个因素能够解释学校对学生学习的大部分影响：

- 当每一位教师通过学生的眼睛观察课堂时，学习最有效。
- 当每一名学生把自己当作最好的教师时，学习最有效。

值得注意的是，这两项陈述对仗整齐，词句优美。如果哈蒂的综合研究提供了一个超越大家共同疲劳的答案会怎样？又如果伴随着共同的主动性疲劳，人们变得过于关注下一项任务而忽略了学生和学习才是教育的缘由会怎样？

尽管任务是用来建立评价成绩的外部目标的，但它也是内在的，日复一日的师生互动，为的是创造一个学习环境。能够改善学习的互动核心是一个单一的概念：参与。和他人共同参与就是学会如何说话、生存、生长发育。有了深入的参与性工作，教师和学生才能接受学习挑战，迎接学习机遇。如果这一切真的发生，没有了师生参与，学习就像说教和交易，困难而烦琐，乏味而无趣。

长期以来，学校、地区、州以及联邦政府的工作人员都聚焦于改善教育，他们建立和跟踪容易测量的目标，而不是最重要的测量目标。令人欣慰的是，我们相信能够把孩子教育的累积效应减少到考勤表和考试成绩。监控和测量学生的好奇心、毅力、开朗程度和顽强程度的难度更大。但这些就不那么重要了吗？如果我们努力达到更高的要求，而不是把考试成绩作为学校的核心目标会怎样？如果学校的目标是防止厌学又会怎样？

3. 政策的意图和随之而来的讨论

类似话题如《不能让一个孩子落后》（*No Child Left Behind*）的考试

成绩导向性的问责立法政策、《力争上游》（*Race to the Top*）的激励津贴以及《共同核心州立标准》（*Common Core State Standards*）的举措，已经在国会、州议会以及全国的学校委员会之间讨论和辩论。谈话广播、电视上的权威人物以及编辑委员会已经讨论了这些举措带来的机遇和责任。力争上游政策在2007年过期，联邦立法已经失去意义。教育部制订了补助计划，鼓励各州努力改变——涉及标准、评价和教师评估方面的改变。

这些举措的主要目的就是问责和一致性。有一个问题推动了与一致性有关的政策和措施：如何在各学校、各地区和各州保证严格的质量标准？有一个问题推动了与问责有关的政策和措施：怎样的激励机制和后果可以确保学生、教师和学校获得预期结果？与政策和措施有关的讨论核心是证据和有效性。第一个讨论围绕一个问题展开：怎样保证使用合适的手段来评价师生表现？第二个讨论围绕另一个问题展开：谁有权决定内容标准和评估的有效性？这四个问题导致一场全国范围内的强硬对话，对话涉及州权利、地方控制、问责、隐私、公共和私营行业就业。不幸的是，很多对话中主要的争论和要求直接受制于党派政治的红线。

这次的讨论似乎遗漏了两件事。一是已经存在有关假设的小型对话，这些假设成为政策的基础意图。如果构成体制运行信念的假设无法分析，可以实施一项完全理性的政策，但这个政策无法提出这个系统有意义的部分。二是宏大的教育政策讨论倾向于政治利益和党派意识形态，用无尽的印刷品和通话时间来谈论成人利益、成人需要和成人关心。不能分析假设，不确定这场讨论能否跨越党派斗争，因此这场讨论已经把学生和学生的需要抛到九霄云外去了。

最终，学生竟然在关于完善学校的讨论、政策和实践方面获得最大好处。然而，这种通过较少的奖惩措施来提高考试成绩的假设，对教师、学校和各州来说毫无意义，对孩子也毫无益处。2014年，国家教育与经济中心的主席马克·塔克（Marc Tucker）在其讨论中很好地抓住了一种教师对待学生的情绪，这种情绪超越了成绩：

有些人，直到你相信自己和自己的可能性，否则你的潜力将永远沉睡；有些人，与他人的人际关系逐渐地远远超越交作业的责任；有些人，拥有好奇和渴望，证明自己可以战胜成长为成年人的挑战。所有这些，都比测试成绩重要得多。

有一种体制，可以努力帮助学习者发现自己的爱好，支持每一个孩子发展自己的能力，坚持攻克难关，指导每一个孩子努力培养在各种环境中学习的策略。也许这样的体制可以收获更加积极长远的成效。但是大型考试并不强调这些技巧和条件的投入，也不看重它的回报意义，因此，地方、区域和国家层面上的对话、项目和政策不重视这些。

4. 推动当前环境的假设

通过我们一直所处的地方来了解当前环境是非常重要的。在19世纪末和20世纪初，教育体制内遍布“大创意”，然而我们忘记了，这些“大创意”都是一些不同于以往的建立教学制度的方法。其中最突出的是科学管理、智能化测量和行为主义。

（1）工业革命和科学管理的影响

在19世纪后期，工业增长引起美国的人口增长，导致更庞大的城市出现，进而需要更复杂的学校系统。虽然工业革命增大了学校和学区规模，推动学校和学区朝着复杂化的方向变化，但它也对学校组织和管理产生了深远影响。

在19世纪，学校强调阅读、写作和算术等基础知识。此外，学校被视为维护道德价值的手段。学生生活包括朗诵、练习背诵课文的段落或提高数学运算的流利度以及口头测验。政府官员认为，学校有机会帮助学生适应并遵守规则，相信控制学生的行为会使他们更可能像成年人一样遵守政府的法律。听话的学生在学校表现很好，相反，没有积极响应该体制的学生四处碰壁。南北战争过后，通过重建，美国全国各地发生了巨大变化，表现在结构、预期和课程设置上。由于缺乏一套统一的学校教育期望，职业学校和大学无法确定哪些候选人符合其招生标准。

1892年，10个人的小组建立了统一的年级体系、课程和学分，至今仍在大多数高中使用。6名高等教育代表，3名高中管理员以及一名华盛顿特区的代表，通过建立一个包含8年小学和4年高中的12年学制，响应了在美国学校要求更加一致、严谨和优质的呼吁。该委员会开设一系列数学、英语、语文和科学课程。这次也规定了学生修学分的上课时间，从大学录取时开始算。120多年后，这个10人委员会的决定仍然适用于美国的教育结构。

在10人委员会奠定他们的基础后不久，弗雷德里克·泰勒（Frederick Taylor）在1911年出版了他的科学管理理论。泰勒强调了工厂工人的效率和效果测量，把测量作为提高生产的手段。他认为，如果有100种方式来执行任务，总有一些方法比其他的更有效。通过研究执行诸如铲煤任务的各种方式，可以确定一个最好的方法。科学管理的作用是执行和监控这些依照数据处理的方法，以提高组织的效率。泰勒的思想对美国的组织机构产生了深远的影响；也与工程师、企业经营者和教育工作者产生了强烈的共鸣。

1922年，埃尔伍德·克伯莱（Ellwood Cubberley）亲自撰写了一本关于美国公立学校管理的书，应用泰勒的学校管理理论，领导了一场教育科学合法化的运动。克伯莱描述了泰勒的原则如何指导学校效能。他毫不掩饰地描述了学校和工厂的关系，类似于“从某种意义上说，我们的学校就是工厂，工厂的粗产品（儿童）将被塑造成产品”的说法。

工业革命和科学管理的原则，创造了一种美国教育方式，这种教育方式源自并类似于20世纪初的创新。在流水线上成批复制同一种产品，具有巨大的经济效益。伴着20世纪的曙光，劳动分工、组织效率、标准化以及标志着转变结束的信号钟，都成为了生产制造和学校教育的印记。

（2）智力测量和行为主义的影响

如果泰勒的科学管理原则要应用于学校，教育工作者需要一种方法来最有效地激发并测量学校教育的核心产品：学生成绩。以路易斯·特曼和R.M.耶基斯为代表的心理学家，正在忙于这项任务。在20世纪初，教育心理学和智力测量科学也正在成型。这些心理测量领域的先驱开发了用来测量各种各样的智力能力的程序，力求获得有效、可靠的智力量化方法。此外，这些测试是用来确定哪些人拥有智力和能力来完成与兵役有关的任务，用来鉴别社会上最聪明的人，从而为他们提供发挥潜力的机会，也用来预测哪些学生会在各种学术项目中取得最大成功。

这些测试是基于智力是一种固定特性的假设而设计的。智能和智商（IQ）的前提是作为固定实体，这表明个体生来就有一定的智能，并且智能很难改变。一个人可以学习新知识，加深对特定领域的掌握，但是智力本身是稳定的。固执的智力理论家认为，具有较高智商的人比低智商的人学得更快、更深入。

新的学习理论也出现于20世纪初。伊万·巴甫洛夫（Ivan Pavlov）和爱德华·桑代克（Edward Thorndike）认为，尝试错误的过程会让学习最有效，刺激和反应的关系可以使这个过程加速或抑制。这些行为主义理论核心的前提是，如果你想要更多，就奖励它，如果你想要的没那么多，就惩罚它。满意或不适的响应越强烈，行为养成或消失的速度就越快。在对动物的研究中，这些理论获得了实证研究的全面支持。运用行为主义的原则，可以教会老鼠穿越迷宫，学习拉杆取食。当人参与了日常重复的任务，无论是在工厂还是在学校，他们的行为都可以通过类似的奖惩方式操纵。学习者并不需要了解自己正在做什么，也不需要知道为什么这么做。唯一重要的一点是，人是受到训练来完成任务的。

（3）科学管理计量如何影响当前的教育环境

假设创造了一系列广泛接受的必要条件，这些条件被视为流水线和学校制度化的中心环节。科学管理和行为主义已经对这些假设产生了深远影响。

• 两种系统都力求均匀性。每个人都遵循一组特定的过程，以确保统一产品的产量。个性和创意几乎不需要。

• 两种系统都努力服从要求。个人是否执行一个指定程序并遵守规则，比人们是否明白为何参与一个过程或者为何这样做更重要。

• 两种系统都强调行为主义的文化。一个人完成任何任务的目的都首先由与该任务的完成直接相关的有形奖励确定。如果回报不足以激励任务的完成，这个人就会被惩罚。

• 两种系统都强调生产力。只要满足一定的质量标准，任何一个人的工作产出都比花更长时间却完成更少工作视为更重要，即使这个工作更加精细或更加复杂。

在20世纪初，把这些内部条件看作一个工业化体系的前提，是正当合理的。流水线需要均一的生产效率，这是一种正确的方式。当要求一个人完成类似装配线上的重复、无关联的工作时，行为主义和它相关的奖惩措施就会良好地运行。但这些作为21世纪组织机构驱动力的成分仍然相互关联吗？这些成分仍然作为当今信息和服务经济条件下的学校驱动力吗？这些成分仍然是教育了2060年左右退休的一代人的学校驱动力吗？

5. 备用前提：人文主义的教育方法和认知主义的学习方法

对于教育产业模式的批评，作为工厂的学校和作为分数的孩子，与他们所需的支持每一个孩子独特学习需求的学校教育方式产生了直接冲突。教育工作者支持承认孩子个体身份的学校和体制，他们提前证明了在20世纪初，已经推进科学管理和行为主义，来指导美国学校教育决策。这些都有据可查。

在他的文章《我们来自哪里：19世纪40年代的监管笔记》中，亚瑟·布隆伯格讨论了大量野外记录，这些记录出自1845年负责人写的一篇题为《纽约州公立学校负责人的年度报告》的文件。文件对学习者和学习教室的建造有明确的认识。

> 能干的教师：一个成功的秘诀就是，他们努力把学生的兴趣当成自己的兴趣。
>
> 有效的指令：既守旧又没用的"死记硬背"式教学方法，很快就让位于归纳和分析教学体系。教育孩子们，他们是被赋予能力和思想力量的智慧生物。

这些说法早在150年前就出现了，但是被科学管理的效能所取代。这些说法比约翰·杜威（John Dewey）的教育民主观点早了50年，比认知革命早了100多年。通过认知革命，心理学家把个体的思维过程、语言、逻辑和演绎推理看作一系列人类功能，这些功能超越了行为主义对于奖惩或者刺激与反应的解释。

约翰·杜威是20世纪初在教育领域最多产的作家和思想家之一。在他的书《民主主义和教育》（*Democracy and Education*）中，杜威认为，人类进步的概念基础是民主，而不是科学管理。杜威不把学校视为效率和生产力的训练场，他认为，学校是让学生进行公民实践，并进一步发展民主理想的场所。以学生为中心的教育、课堂与现实世界相联系、基于学生学习需求的差异以及内容领域的综合都是杜威支持的理想，这些理想是弥补孩子们作为学生的被动作用和作为市民的积极作用之间的差距。

民主和个性都是第二次世界大战后美国社会的重要价值，杜威对民主理念的强调再次引起教育领域的兴趣和关注。此外，让·皮亚杰（Jean

Piaget）、杰罗姆·布鲁纳（Jerome Bruner）、诺姆·乔姆斯基（Noam Chomsky）和卡洛斯·奥特罗（Carlos Otero）的新研究形成了心理学认知革命的基础。认知主义者认为，与依赖行为操纵的方式相比，个人的作用是影响人类动机的更强大的力量。民主和认知主义的理想是概念性的解毒剂，可以预防导致第二次世界大战那样的专政。以盲从专制作为建校的荒唐前提，以超出人类所及的效率作为建校的概念，都与美国人努力的方向背道而驰。

当时，教育文献中明显强调了超越行为主义的认知和超越独裁主义的人文主义。比如，在威廉·伯顿（William Burton）、利奥·布鲁克纳（Leo Brueckner）和埃维尔·巴尔（Arvil Barr）的《监管：一个社会过程》（*Supervision: A Social Process*）中，他们描述了一组新的前提，在课堂与学校指导思想和行动，他们这样写道：

> 旧的人性化理念及其局限性，让位给新的表明每个人的可能性和成长的知识。生物学、医学、人类学、精神病学、心理学和教育本身的研究，在人体生长发育的领域展示了新的希望和志向。创意比个体一致性整合更重要。权利主义和强制性学校必须给民主制度让步，民主制度要达到目标，就需要所有关心学生成长和发展的人一起合作和参与。

这个说法意义显著，因为它抓住了本书观点的精髓，它抓住了旧的前提假设和更加现代的前提假设之间的紧张关系。不幸的是，虽然这个观点产生于50年前，但它提出的目标基本上仍未实现。

6. 实践从过去走向前：21世纪学校的新假设

20世纪50年代的美国和英国医学期刊描述吸烟的危害，正好在吸烟行为成为时代错误之前。与此相似，以上引用的伯顿（Burton）等人的话，抓住了一系列关于学校和学习的信条，这些信条会继续获得研究的肯定。不幸的是，很多关于人性的旧概念过于重视20世纪的科学和商业框架，形成如今概念化的美国教育，而这些过时的想法仍然渗透在当今的学校形态和学校功能中。引用的部分介绍了三种主要的冲突。这三种冲突存在于20世纪初关于人性的过时想法和如今陈述的最佳证据之间。

（1）第一种冲突：相信智力是固定一维的 VS. 相信智力是增值多维的

时代错误：智力是单一且固定的，有的人有，而有的人没有。这种旧的人性化理念根植于从19世纪到20世纪初的伪科学和精英意识形态。

最佳证据：智力是多维的，人的智力能力取决于一个几乎无限的、有弹性和韧性的生物平台。只要拥有了外部支持来建立新的学习策略，任何人都可以获得显著的新技能和理解力。

（2）第二种冲突：关于动机和参与的服从行为信条 VS. 认知信条

时代错误：人的行为几乎只由获得外界奖励和避免惩罚的愿望来激发。行为主义根植于20世纪上半叶的可靠研究。然而，在形成行为习惯或者让个体参与到几乎没有内涵的重复性任务方面，这些研究结论最有说服力。

最佳证据：如果你想要某种行为出现得更多，那么就需要考虑这种行为与你的心理、社会、情绪、认知需求及兴趣的相关性和意义有多大。个人选择参与或者逃避一项任务，取决于相关程度，即这项任务、成功完成任务的信念、任务很重要并且有价值的信念、如果失败也会得到支持的信念四者之间的相关程度。

（3）第三种冲突：决定他人行动的控制行为 VS. 指引他人成长的自主支持行为

时代错误：如果一个人需要学习，那么学习者必须依靠教师才能学习；教师必须选择教什么，何时教，怎么教，最终评估这个学习者，只给出一个是否学习了的评判。

最佳证据：如果一名教师要鼓励学生们完成任务，就会给予他们自主锻炼的机会，让他们找到属于自己的意义和理由，参与到自己最看重的工作中去。我们认为，现如今，测试驱动和责任驱动的学校系统间的差距，要归咎于那些过时但我们还无力把它们丢掉的信条。由于缺乏过去65年来对智力、动机和认知研究的最佳证据，我们注定要提出同一个关于问责和制裁的问题，这个问题过去就存在，现在又回到了20世纪上半叶开始的地方。这个问题是：像工厂一样的学校，生产着一批批准备在生产线上被动工作的学生。

我们相信，一个通过当代最有力的证据，有意识地为支持孩子和完善学习而努力的系统，会聚焦于以下四个主要方面：

• 让学生参与到学习文化中，致力于解决孩子们认为有意义、有用处的问题。

• 让学生参与到他们有完成动机的任务中，这些任务激发学生的好奇心，满足他们掌握相关知识，培养新技巧的需要。

• 给予学生机会，让他们自己选择自己的工作，建立起自主学习的所有权，满足独立自主的需要。

• 让学生养成高效率内心对话的习惯，把反馈看作催化剂，培养新的技能和策略，从而提高在任何领域的选择效率。

我们认为，一套体系利用这四个方面作为学校改革的催化剂，不仅可以在当今的事务性任务中勇往直前，获得成功，而且可以满足学习者的需要。这些学习者充满热情，是我们渴望服务的对象。

第二章　致力于参与素养

有一个年轻的运动员，为了成功而执着努力。她喜欢跑步，上高中的时候，她就发现自己有跑步的天赋。然而，教练对她的影响，才真正成就了她和她的队友。

作为她的高中教师，教练费心费力，让每一个学生运动员感受到自己是团队的重要组成部分。在一周的时间里，教练特别重视与每一名运动员的谈话，不仅提问，而且聆听队员的反馈。训练前后，教练都和运动员们聊天，了解他们需要在哪方面下功夫，如何规划下个周末的课程。他们谈论饮食的重要性，订立目标，明确彼此支持的重要性。教练对他们的期望值很高，并对他们因材施教，对有的人予以积极肯定，对有的人则提醒注意观察，对有的人是鼓励其迎接挑战，而对有的人则是不断提供各种支持。

虽然这些运动员和他们的教练是通过数据获得动力，他们和其他任何队伍一样专注于时间拆分，但他们一年中比任何其他团队取得的进步都要多。这些运动员并没有盲目顺从教练，他们愿意参加训练，想要提高自己。不管一天的训练有多大挑战性，他们都感觉很棒。这些运动员投身于团队目标，接受达到目标的手段。这些运动员具有参与精神。

教练为每一个队员创造了一种情感支持：我们有能力做伟大的事情。教练肯定每个运动员的需要，从而影射给运动员：我很优秀，并且可以更加优秀。教练扩展了他们成为运动员的视野：我能够通过努力实现我的目标。教练赋予每个运动员成为自己最佳教练的权利：我能做到。这些运动员们对跑步充满热情。

1. 测试成绩不能以偏概全

这名越野赛跑的教练知道，运动员的名次很重要，但重要的不只是名次。如果一名运动员只专注于自己的名次，他会把输出误以为输入。教练不需要提高他们的名次，而是建立一个挑战和支持并存的体系，让运动员们愿意加入这个体系。如果我们关心孩子，不应该只关心他们的成就，我们需要关注的远不止测试成绩。

测试成绩能说明部分问题，但不是全部。在由芝加哥大学联盟完成的关于芝加哥学派研究学生培养的大量文献中，卡米尔·法林顿（Camille Farrington）和她的同事在2012年做了一些研究。研究表明，相比于高中标准化考试成绩，综合成绩更好地预测了高中表现、读大学的恒心、大学平均分、大学毕业情况以及高中毕业9年后的收入等方面。他们认为，综合成绩能够更加全面地衡量认知部分，比如坚韧的品质和努力的行为等，这些认知部分在决定一个人成功或努力的程度方面发挥着更大的作用。

换言之，考试成绩测量的结果，与孩子教育经历中的情绪、行为和认知的投入相去甚远。学生在各级学校和社区的参与度认知常常只剩下成绩测量，比如，通过高风险的问责测试以及辍学率来推断学生参与程度，然而这些推断可能说明不了什么问题。实际上，学生在成绩测试中表现优异，但学校整体参与度却很低。过于狭隘地关注测试得出的学术成果，学校已经开始忽略关于学生教育经历的更深层次的情感联系。

最后，当我们仅仅依靠考试成绩来定义成功时，学生就成了我们自满情绪的牺牲品。如果考试成绩很高，那么一切都不错。2006年，理查德·埃尔莫尔（Richard Elmore）描述了这种自满情绪，它像传染病一样在成千上万个名义上高绩效的学校里传播，这些学校的学生拥有很高的考试分数，但彼此分隔开来，教师剥夺了他们的权利，而且他们对于学习并不热衷。

2. 搜寻更多

当你的学生离开教室或学校，你希望听到他们对这段经历如何评价？多年来，数以千计的教育工作者面对这个问题，惊讶于学生回答的一致性。充满挑战、获得支持、兴趣盎然、充满希望、激动人心等词语出现了多遍。喜欢、运用所学、知我所忧、喜欢我的课或是自学了什么等这些表达被反复提到。然而，没有提到的部分令我们更惊讶。大学入学考试、国家考试、综合等级、多选题、国家标准以及几乎所有与学术成就投入和问责成果相关的一切事情，都不曾提及。

在我们想要给予学生的东西和我们希望学生离开校园时学到的东西之间，为什么存在分歧？我们相信，挑战的重要一环在于缺乏一种共同语言来谈论一些至关重要却又看似无形的部分。我们缺乏一种参与度的共同语言。

本章开头提到了越野赛队很多令人惊讶的故事，其中，参与的部分比较容易识别：他们很努力，享受自己是团队的一员，并且设定目标。然而，如果没有共同的语言来讨论如何建立并支持参与的信念和行为，就很难建立下一个需要类似参与程度的计划。“他只是天生教练中的一个”，或者，“这些女孩可以为任何人努力奋斗”，这就是我们从中得出的最终结论，好像参与或被参与几乎都是遗传学的产物，而不是策略和努力的必然结果。幸而，阐明参与是何物的研究群体已经兴起，这个群体同时研究了参与的重要部分，那就是任何人都可以使用具体的策略来支持更高的学生参与度。

3. 学生参与的定义

和智力一样，参与也有很多定义和测量手段。然而和智力不一样的是，并没有测量参与的权威定义或广泛使用的心理测量工具。参与的定义、实施和测量具有挑战性，正如面对幸福、焦虑以及其他广泛心理概念时遇到的挑战。在不同的研究中，定义和测量手段可能会有巨大差异。

参与是一个不断变化的概念，它只是由很多不同的部分组成。当学生参与进来，他们会专心，花费时间和精力，并且坚持完成任务。参与的定义包括学生的归属感、课堂参与度以及出勤率；包括无聊和焦虑之间的狭窄通道；包括用于学习的注意力、兴趣、投入和努力的心理过程；包括教与学之间的联系；包括与高中毕业的恒心有关的学术、社会、认知和情感因素。一些定义既注重深度，又顾及类别，诸如“学习活动期间，学生积极参与的行为强度和情感素质”。

参与的定义的确有待商榷。一些研究人员把参与和动机看作同义词，然而另一些人认为，参与的范围大于动机，因为参与必须考虑对待作业的主动关注、努力和专心程度。

其核心在于，我们相信参与会有一个非常直接的定义。芬恩（Finn，1993）认为，参与是孩子在学校教育经历中的投入。

投入的观点很明确：你付出一些东西，相信一段时间后会得到更大的收获。你越相信这个原理，你的投入就越大。但是为了理解值得投入的教育经历是什么，关于参与的更多细节仍需得到澄清。

在刚刚过去的几年中，有关这些细节的普遍共识似乎正在形成。在主题为“学校参与：概念的潜力、证据的状态”的大篇幅文献综述中，弗雷德里克斯（Fredricks）和她的同事在行为参与、情绪参与和认知参与这三大概念中统一了参与的概念。

- 行为参与，包括参加学术和其他学校活动。

• 情绪参与，包括对教师、同学、课程作业和学校的积极或消极的情感。

• 认知参与，包括学习者在学习学术内容以及培养新技能方面的投入。

《学生参与研究手册》（*Handbook of Research on Student Engagement*）是关于这个主题的最新、最全面的学术综合成果，在该手册中，情绪参与、行为参与和认知参与这三个主题反复出现，明确提出。

表2.1是2004年弗雷德里克斯等人的参与文献中确定的组成部分和测量手段的总结。

图2.1 学生参与

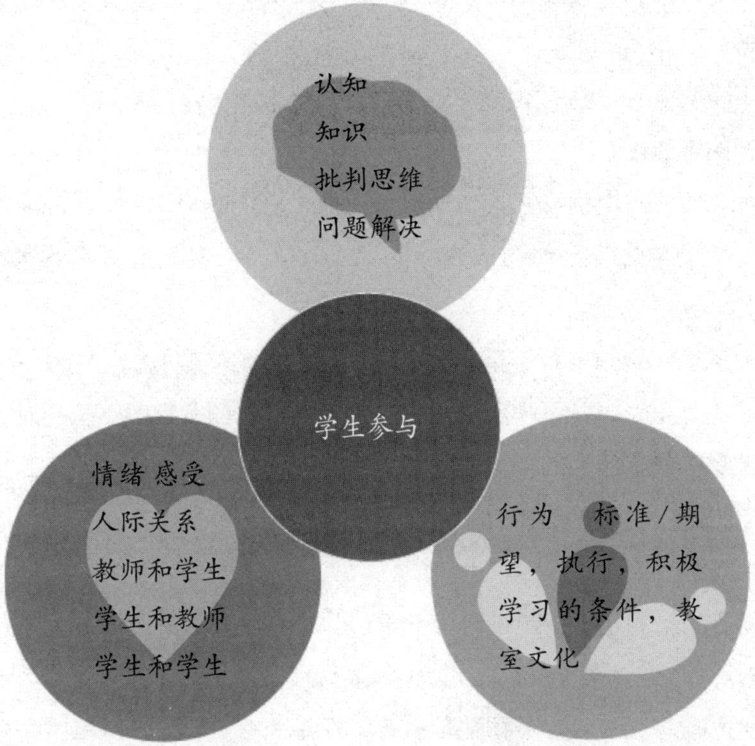

表2.1 学生参与——参与的重要方面

行为	情绪	认知
积极执行： ·依照规则 ·遵从课堂规范 参与学术任务： ·努力 ·完成任务 ·参与，提问 ·参加课外活动	对工作的情感反应： ·充满热情或漠不关心 ·对作业的感受 对他人的情感反应： ·对教师和同学的感受 ·在学校受重视的感受 ·认同学校	投入： ·对挑战的偏好 ·直接投入学习的努力 ·学习动机，相关性 策略： ·变化的认知 ·策略型学习

4. 参与的重要性

如今，美国学校面临的主要挑战是成绩低还是参与度低？请考虑下面的问题：

• 美国高中学生的辍学率达到22%。辍学和失业率息息相关，也增加了犯罪的可能性。

• 75%的高中生表示，他们厌恶上课（Yazzie-Mintz，2006）。没有参与进来的学生说，他们厌倦学校，因为学习内容无意义或教师互动性不够。

• 从五年级到十二年级，学生的参与度逐年降低（盖洛普，2014）。

• 总体上说，从一年级到十二年级不断进步的过程中，学生对学习任务的自我胜任感的认知以及学生对这些任务价值的认知都在下降。具体地说，学生的学习动机、能力认知和积极态度在初中期间都在下降，而且在高中期间继续下降。

爱德华·戴明（Edward Deming）表示，转变的第一步是关注一个人的目的。如果学校的目的是为了提高学生的学习，怎么会出现学生不感兴趣的情况呢？更不用说不在学习中有所投入了。与学生学习相关的进步举措最终还是服从于学生本身的认知和观点。不幸的是，学生的观点常常被研究人员忽略。在学生对课堂活动的认知分析和介绍中，金特里和她的同事认为："教育研究、完善学校的工作力度和评价常常考虑不到学生对课堂活动的认知和评价。"

简单地说，如果学生的认知很重要，那么他们的认知需要得到尊重，这是对学生所思所感的尊重，也是对于一直从事的工作本质的信念：参与比成绩重要。

5. 误把服从当参与

由于缺乏关于参与的权威定义，教师、管理人员和社会成员常常把"服从"误认为是"参与"。服从是接受一系列行为来避免惩罚或得到奖励。从行为主义观点来看，服从相对容易获得，依照规则行事就奖励，反之就惩罚。但从人文主义观点来看，服从会付出代价。个体可以依照规则行事，但会对强迫他们的人产生憎恶情绪。个体可以盲目服从规则，他们认为自己不重要。

现在给你两间教室。一间教室里，所有学生保持安静，礼貌坐好，回答问题的时候才开口，得到许可后才提问，他们自己做自己的。另一间教室里，学生们处于兴奋状态，他们恭敬礼貌但参与到相互的持续讨论中；偶尔，他们持有不同观点，针对一个话题讨论起来；在整个过程中，他们积极考虑不同的视角和观点，完成任务，解决问题；学生也不断向教师和其他同学发问。第一间教室是服从型，但学生几乎表现不出对学习的激情和热情。第二间教室可能看起来有些乱，但这些学生积极参与到了学习中来。

聚焦于服从的行为和支持参与的学习者在内因上大有区别，这个区别明显就是两种课堂的区别：一种是已经过时的但已然被广泛接受的课堂；另一种则是培养充满热情的学习者的课堂。

聚焦于构建内因条件的课堂是下面几章的主题，里面会详细介绍从服从到参与的目的和途径。在此之前，我们需要讨论其他几个关于参与的思考方式。

表2.2　服从的行为VS.支持参与的内因条件

服从的行为	
与执行有关的行为	·依照规则； ·遵循课堂规范和惯例。
与完成学术任务有关的行为	·依照任务要求； ·要求参与才参与； ·针对任务和要求提问； ·按要求完成任务和作业； ·按时完成作业。
支持参与的内因条件	
学习的所有权	·关于学习提问； ·和大人或同龄人谈论在校学习了什么； ·分享在校外学到的东西。
自主权的偏好	·是否自我管理；有意识地选择参与到提高技巧和加深理解的任务中来； ·展示自控力；避免对技巧和理解能力不利的行为； ·与他人共事时，承认他人的自主需求。
重视并寻找反馈	·积极寻找有指导意义的反馈，不断努力，不断进步； ·积极使用反馈来修改行为或理解； ·给他人提供有建设性的反馈。
对学习的承诺	·遇到障碍，坚持尝试新的或不同的策略； ·顽强地达到目标，并完成任务； ·支持他人努力坚持，达到目标。
学习动机	·坚定地创造机会，学习新东西，提高现有技能； ·在适合的风险下，尝试新的不同的策略，达到目标； ·鼓励他人努力坚持，达到目标。
获得技能	·建立并追求有挑战性的现实的目标； ·自我管理成长的行为计划，引导自己达到目标； ·给予有建设性的评论，如果别人问你，也给予支持他人获得技能的指导意见。

6. 从更细微处看学生参与的类型

通常情况下，参与需要一分为二地来看。学生要么有责任感，要么没有责任感；要么表现优异，要么表现糟糕；要么来上课，要么旷课。这些一分为二的命题看起来意味着参与是学生的内在特征，而不是学生根据感受、兴趣程度和信念做出的一系列选择。学生的信念就是：如果付出努力，完成了任务，就有了合理的成功机会。作家菲利浦·施莱驰特（Philip Schlechty）根据社会学家罗伯特·默顿（Robert Merton）的成果，得到大量关于参与的有效词汇。

在关于社会结构和自我认知的开创性成果中，默顿认为，要完全理解一个组织的文化和文化中个体行为之间的关系，可以先了解该组织的目标、个体的目标、组织达到目标的首选方法以及个体对组织首选方法的看法，了解这四者之间的一致性。根据个体和组织的互动，施莱驰特描述了五种类型的参与。

- 真实参与：我接受组织的目标和组织实现目标的手段。
- 被动参与：我接受组织的目标，但我不认同组织实现目标的手段。不过，我会遵从手段，仅仅因为这是获得组织目标的唯一途径。
- 仪式性服从：我不接受目标，但我会遵从手段，只是为了避免不遵守规则的某种后果。
- 逃避：我既不接受你的目标，也不接受手段，只要没有人打扰我，我就不会打扰组织中的任何人。
- 反叛：我拒绝你的目标，也拒绝你的手段，我创建了自己的目标和手段，只是人还在组织中。

对目标和手段的思考，是一种对学生行为和参与结果之间相互关系的强有力的讨论。

很多时候，教育工作者把仪式性参与和被动服从误认为真实参与。这个结构图可以帮助我们思考一个事实，那就是一些学生可能面带笑容，带着作业走进课堂，仅仅因为他们在做一个上课的游戏。很多时候，教育工作者把逃避和反叛的学生看作问题的源头。我们见过一些表现最好的学生也把自己置于逃避和反叛的境地，因为他们对这个制度很失望。他们因无人理解而失望，因无人挑战而失望，因无关紧要的外加作业而失望。

表2.3　构建关于参与的共同语言：施莱驰特采纳了默顿的分类

组织的目标	组织的手段	参与类型
接受目标	接受手段	**真实参与** 课程与我的目标和兴趣相符。
接受目标	拒绝手段	**被动参与** 为了得到好成绩或上大学，我同意这么做。
拒绝目标	接受手段	**仪式性服从** 为了避免消极结果，我同意这么做。
拒绝目标	拒绝手段	**逃避** 我对你无所求，也请你不要管我。
拒绝目标，并接受新目标	拒绝手段，并接受新手段	**反叛** 我不会做也不愿意做学校的作业，我更愿意做其他工作。

7. 参与易受教师和学校的影响

随着“参与”概念和其主要组成部分的共识逐渐达成，对于“参与”这个术语的主要特征也逐渐形成了共识。人们认为，参与是与环境相联系的，因此，容易受到环境影响。参与可以受到学校和教室文化的影响，也可以受到个人信念和需求的影响。作为教育工作者，成为参与的重要一环，意义重大。

了解学生参与度的一个关键因素是要明确参与是学习者和环境之间相互作用的结果。如果参与度与环境有联系，那么学校对学生的参与程度和参与类型都有直接影响。在一项涉及24所学校3700名学生的研究中，马克斯发现，聚焦于真实教学和支持学生学习的素质教育改革方案，实质上影响了学生从小学、初中到高中期间的参与情况。教师在提高学生参与度方面扮演着重要的角色，特别是初中和高中时期。在一项关于参与和师生关系之间联系的研究中，克莱姆（Klem）和康奈尔（Connell）发现，“如果初中生遇到特别支持他们的教师，那么他们的参与程度很可能是之前的三倍还要多。”

我们相信，参与受到情绪、行为和认知因素的共同影响，与每一个学生的学习投入息息相关。所以，我们同时也给出了一个实践框架，用来建立关于学生参与的共同行为规范。在防止厌学的框架中，行为、情绪和认知部分的研究结果使我们的认识更清晰，了解到改善参与度的方法应该是考虑每个学生投入学习的原因和出发点。

目前，很多改善措施正在进行中，这些措施可以改变教育，也可以更好地解决每一个学生的不同需求。教育制度正在重新制定，这样，学习变得可视化、个性化，可以满足每一个学生的需求。社区学校正在创建，在那里，学校员工和商家共同努力，只为了提高学生的学习热情，把课程标准和真正的世界联系起来。不断完善的制度已经开始实行，利用策略赋予学生们反馈和影响课堂的权利。为了让学生更好地参与进来，教育对策还包括其他方式，比如基于游戏的学习、基于问题解决的学习、文化反馈教学以及还有全方位学习设计。这些较大的解决问题的尝试都是为了应对当前的教育挑战，进一步提高学生的参与度。实际上，未来的成功方案就需要整合本书中防止厌学模型的一些概念。

笔者认为，素养和评价一样重要，它一直存在于教育之中。参与素养在未来甚至更加重要。评价素养帮助教师确保课堂与大型考试的解释和使用有效可靠，而参与素养将确保学生作为任何学校改革工作的主要变量而得到尊重。如果防止厌学这件事得到严肃对待，我们需要投入更多时间、努力和精力，确保学生在情绪、认知和行为上得到支持，这比作为如今学校教育成功指标的服从和考试成绩体系更好。笔者认为，“防止厌学的概念框架”是改革工作的基础。

为了支持每一个孩子作为在校学生的情绪参与、行为参与和认知参与，我们用四个重点提示来指导工作：“我是”“我将要”“我认为”“我们是”。这四点提示以学生的视角重新看待学校改革，只有站在学生的角度，我们的努力才真实有效。

• 我很积极地完成任务。我能看到学习新内容和技能的相关性，我也知道努力会助我达成目标（成长心态）。

• 我以积极高产的方式来思考，我响应反馈（内心对话）。

• 我会选择坚持自己的学习所有权（自我决定）。

• 我们致力于解决有意义、有目的的问题（文化）。

我们认为，利用这些信条的系统会让学生参与升级为培养充满热情的学习者。充满热情的学习者拥有强烈的愿望，他们愿意为学习投入时间和努力；充满热情的学习者把自己和更大的事情联系起来；充满热情的学习者拥有成长心态和内心对话，重塑更加积极的思维方式，自我决定有助于他们做出有目的的选择；充满热情的学习者有助于建立一种致力于解决问题的学习者文化。

为了创造充满热情的学习者，需要一个以人性化为基础的推动者或者教练，就像在本章开头的那个教练一样。这个教练不会预先判定跑步运动员的能力，相反，他看到了每个人在速度和耐力方面的进步空间。他不会只关注输赢、奖杯或奖牌，相反，他和队员们谈论队伍和奔跑的力量。正是这些行为帮助运动员们取得了成功。他不会在练习或见面后就评价运动员们的表现，相反，他会询问并对接下来的训练做出判断，帮助运动员们实现自己设定的目标。教练生来就知道每一个跑步运动员都需要体能、训练、饮食以及情绪和社会支撑的认知知识，才能取得成功。他知道每一个跑步运动员都需要真正参与进来，才能取得最好的成绩。

图2.2 防止厌学的概念框架

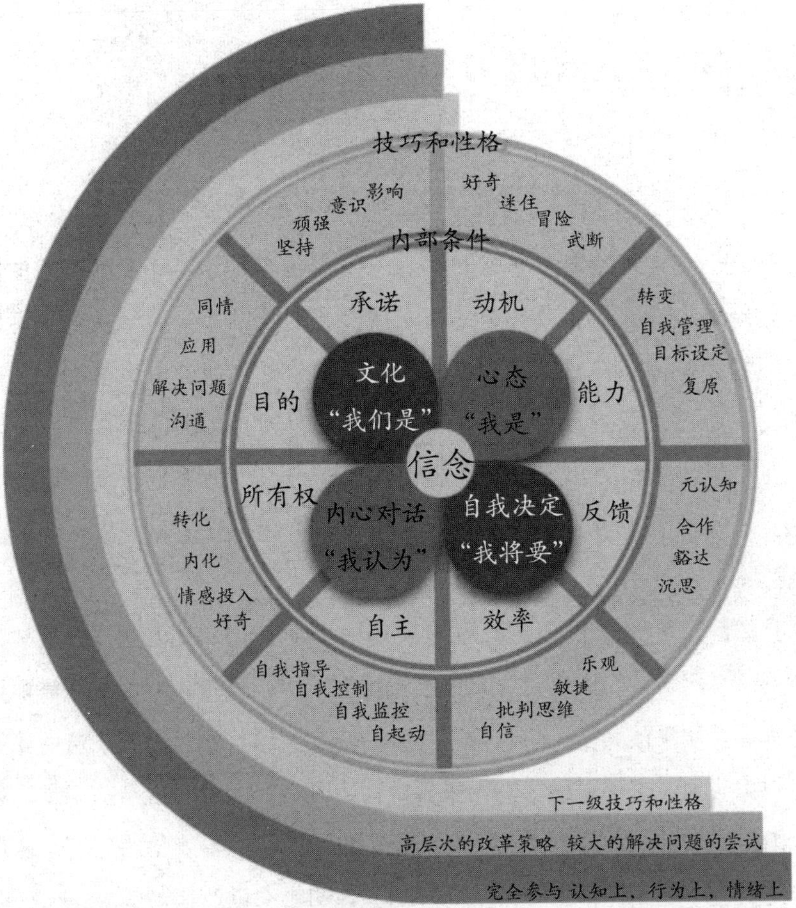

学生参与=情绪参与+行为参与+认知参与

情绪参与，包括学生的感受、兴趣和价值观。当学生在情绪上参与了，他们就会对学校产生归属感和积极态度。

行为参与，就是一个学生如何在学习过程中行动。行为参与关注学生参与、工作投入和行动。

认知参与，是学生对理解复杂观点和克服难题的投入。

第三章　心态的力量

有一个名叫凯的高中女孩，在田径运动里参加一英里和两英里的越野跑。她能力超群，在主要赛事中排名前五。大学三年级后，教练告诉她，希望她继续坚持一种“纯粹的勇气”。尽管缺乏其他竞争对手的天分，但是她的决心无人能及。没人跟她说过她不可以跻身顶尖选手，所以她认为自己也可以，相信付出努力能够更快得到回报。思考决定态度，态度影响行为。心理学家卡罗尔·德韦克（2000）把态度、行为和成果之间的关系称为心态。

具体而言，该选手表现出了成长心态。她在练习和比赛中寻找挑战，当身体不配合比赛，她就会分析从上周到现在的跑步记录，看看是否需要更改训练策略。如果被其他选手击败，她也会自我反思，学习请教，从而获得提高。教练对她产生了积极影响，鼓励她跑步时做好力量和耐力的记录。教练告诉她，诸如手位和胳膊如何摆动的细微更正都可以影响腿的速度。这名学生运动员有幸得到积极指导，从而影响了她的心态以及训练成果。

另一个名叫乔的学生，上学时骄傲自大，在数学上尤甚。父母对他感到骄傲，逢人便夸孩子聪颖过人。从三岁开始，父母就让他在客人面前解决数学难题，他们知道儿子异于常人，常常夸他聪明。

乔在幼儿园表现突出。上一年级的时候，教师想考考他，让他用运算技巧解决难题。当乔无法立即解决时，他不是潜下心来攻克难题，而是采取逃避策略。他给同学们讲故事，说自己比大家更聪明，说大家在做简单计算题，而自己已经在做代数题。当他遇到一个看似简单却不熟悉的题目时，他会告诉教师自己不应该解答这么简单的题目。

当教师让另一名同学做和乔一样的高难度作业时，乔变得心神不定，尤其是这名同学能够做出解答的时候。当然，乔有能力解决数学难题。他害怕犯错，因为犯错会暴露出他不像其他人眼中那么聪明，而聪明的学生不会犯错。乔表现出思维定式。教师给他提供学习新策略和尝试新问题的机会，但他拒绝了。乔对自己拥有数学能力的信念已经让他渐行渐远。他不愿意迎接挑战，也不愿意接受失败，而挑战和失败都是伴随成长心态而来的。

1. 心态

卡罗尔·德韦克（Carol Dweck）和她的同事曾经做过一项研究，该研究关于学生对于天赋或努力的信念是否有助于取得成就，研究成果就是关于思维定式和成长心态的广泛讨论。

有思维定式的人相信自己要么擅长某事，要么不擅长。这类人认为能力和聪慧都是与生俱来的。认为自己生来能力不足的人，会以此说服自己不会有大作为，只能与缺点为伴。这种应对机制往往表现为躲避让自己看起来很愚蠢的事情。

乔的故事解释了思维定式。乔回避挑战，因为挑战会暴露他缺乏能力。每当遇到障碍，他就放弃或者为完不成任务找借口。因为相信努力是软弱的表现，所以乔并没有付出努力完成任务。他不接受反馈，因为反馈让他害怕，如果第一次没有做对，就可能意味着他不聪明。此外，当其他同学成功时，尤其是自己努力挣扎时，乔会有被威胁的感觉。具有思维定式的学生会想："我怎样才能维持他人对我的看法呢？"他们不愿意冒险挑战，因为他们最初把潜力看作失败，而且把失败和自我形象联系起来。如果他们自认为头脑聪明，体格健壮，他们就愿意保持自己在他人心目中的形象。

具有成长心态的人，相信通过实践可以由不会达到擅长，相信只要付出了努力，自己就能有优异的表现。他们明白，做得越多，提高越多，而且每一个错误都是学习的机会。

选手凯的故事，解释了成长心态。凯把挑战看作提高的机会。当她面对障碍时，她认为自己有跨过障碍的技巧，并坚持努力。凯明白，努力等同于成长的更高境界，而最终，等同于表现的更高境界。教练和同伴的反馈意义重大，同伴和比赛激励着凯。有成长心态的学生认为，"我现在投入的努力，会在将来帮到自己"。他们把努力看作成长的必要途径。

学生对于情况的不同反应，会受到学生思维定式或成长心态的影响。利希特和德维克比较了具有成长心态和思维定式的学生对于看不懂的学习资料的不同反应。研究人员发现，接收到清晰且不复杂的任务时，具有成长心态和思维定式的学生表现一样。然而，当接收到令人费解的任务时，具有成长心态的学生表现得比具有思维定式的学生要好。

教学提示

强调努力大于天赋的教师，可以帮助学生培养成长心态。教师侧重于学生的个人特长，并对学生的努力给予反馈。

教师可以和学生分享名人故事和传记，这些名人曾经失败，又继续尝试，诠释着坚持和努力会造就成功。沃特·迪士尼（Walt Disney）工作室的欢笑动画破产，这让沃特"更坚强，更坚定，更习惯失败"，并且继续创立因创新思维而出名的公司。埃维斯·普里斯利（Elvis Presley）等了好几个月，剪掉第二首单曲，又等了几个月，直到孟菲斯录音服务的拥有者萨姆·菲利普斯（Sam Phillips）决定为埃维斯在太阳唱片公司录制唱片。在获得714个本垒打的纪录前，贝比·鲁斯（Babe Ruth）也有过三振出局的纪录。教师和其他成年人应当为学生们的错误和风险而庆祝，因为这些错误和风险已经被学生们当作知识和能力提高的机会。

如果教育工作者支持学生采用成长心态，那么学生的表现会提高。布莱克威尔（Blackwell）、特斯尼维斯基（Trzesniewski）以及德维克（Dweck）发现，当学生们了解了大脑，他们就会改变自我认知，培养成长心态。研究中，教师向学生解释，学习意味着学生正在形成大脑神经细胞的新联系。研究人员发现，接受这种方法的学生提高了学习成绩，也更主动地学习。“具有成长心态的学生认为，智力就像肌肉一样——用得越多，越用越强大。”用脑越多，神经元网络就越大，人就越聪明。人不仅更加聪明，而且更有能力，能更好地定位自己，从而参与到学习中来。

此外，德维克和她的同事发现，成年人关注学生的努力，对于学生的心态有深远影响。当成年人专注于努力和发展，学生就拥有了成长心态，也更容易迎接挑战。具有成长心态的学生认为，努力工作和恒心会帮助他们提高。他们内心有一个声音这样说，“我还没有达到，然而，给我时间，我会努力。我会像一个学生一样成长，最终我会提高自己的能力。”

在帮助学生弄明白怎样提高自身能力并改变心态方面，教师付出了努力，这就使学生提高了成绩，也端正了学习态度。

具有成长心态的学生更可能参与到学习中来。当学生们愿意迎接新挑战、看淡失败时，他们就从他人的期望中解脱了出来。自由提问、思考和表达，就是真实的学习。成长心态允许学生挑战无法立即解决的难题。

相信成长心态，会改变学生认识自己和自我世界的方式。“我是”代表着每一个具有成长心态的学生会对自己说的话：“我能在任何自己选择关注的领域提高技巧和能力。”提倡带着热情来学习的成长心态的条件包括动机和掌握两方面。

图3.1 成长心态——“我是”

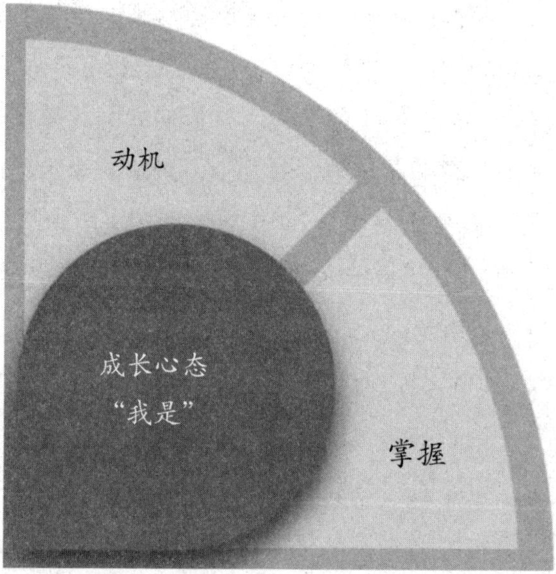

表3.1 动机和掌握的定义

术语	定 义
动机	“寻求新奇和挑战、扩大和锻炼能力、探索和学习的内倾性”
掌握	让学习者更擅长对自身很重要的事以及超越预期的学习策略去学习和创新

当学生拥有了成长心态，动机就会延伸到学习中。他们迎接挑战，接受挫折，把挑战和挫折看作成长中正常的事。施加的动机和努力让学生学会一门课程。当学生就这样走下去，他们就进入了一个参与学习过程的流程，“这样，任何事情看起来都不重要了”。

动机是心态的产物。丹尼尔·平克（Daniel Pink）是《驱动：激励的惊人事实》（*Drive: The Surprising Truth About What Motivates Us*）的作者，他提出三个导致高水平参与动机的要素。动机要素包括自主性、掌握和目的。自主性允许个体投入任务当中；掌握是个体更擅长某事的想法；目的是个体超越自我来服务的想法。如果三个要素组合起来是个体的动机，那么作为教育工作者，应该回答下面几个问题：怎样提高自主性？怎样探索掌握的途径？怎样帮助学生看到目的？自主性、掌握和目的怎样在学生成功中相互依存？

教学提示

激励学生的想法可以包括以下内容：

·考虑社会互动的机会。引进层次分明，重点突出，跨时代的同伴辅导，引进合作学习小组和非正式学习小组。

·给学生工作提供观众。期待学生在出版物上提交成果，在网页上发布，把成果呈现给现场观众，或者呈现给客座专家。

·减少完成学术任务所需的工作量。承接活动所需的工作量（工作门槛）在动机里发挥重要作用。把任务分解成更小、更容易的步骤，这些步骤组合起来就是最终的成果。

·把学术要求和真实情况联系起来。媒体上满是真实的故事，解释着知识从各种学术领域到真实难题的应用。讲授的内容、任务和家庭作业都是相互关联的。

·让学习引人入胜。把事情调和起来，让他们离开座位，或者玩玩学术词汇的游戏。幽默和快节奏的指令也可以让学习变得更加生动有趣。有时，我们会忘记他们真实的年龄。

学生们通常对于重要的事情才有动机，这是很自然的事情。当个体发现旅途中的乐趣以及其他更重要的追求，他就会进入努力掌握的状态。成长心态对个体必不可少，它让个体明白付出努力对于掌握的必要性。要达到专家级别的表现，需要关注具体表现、表现反馈和经过修正的刻意训练和重复训练。热情加上能力，就可能达到掌握的地步。

2. 努力的力量

世界各地的文化差异体现了对努力和能力的坚定信念。哈罗德·史蒂文森（Harold Stevenson)和里克·斯蒂格勒（Rick Stigler）首次研究了美国、中国和日本文化中注重能力与注重努力的影响。他们发现，美国文化强调天生的能力，然而中国和日本的文化强调努力。不同点体现在不同文化的语言和自言自语中。在美国的婚礼上，一个人说他因为“不擅长”所以不想跳舞。很多学生和成年人也用相同的话回答自己在数学、写作和艺术上的才能。研究发现，好像人的能力生来就有，在这些方面的能力不会改变，但美国人更可能说出来。相反，史蒂文森（Stevenson）和西格莱尔（Sigler）发现，日本人和中国人可能更不同意擅长与否取决于天赋的观点。强调努力的文化，把技巧的缺失原因归结为学习机会的缺失或者额外练习时间的缺失。

马尔科姆·格拉德威尔（Malcolm Gladwell）列举新加坡、韩国、中国台湾、中国香港和日本作为强调职业道德的文化。由于对能力、努力和结果之间联系的不同假设体系，这些国家和地区的学生展现出超过美国学生的持久力。

布林克（Blico）的研究结果进一步支持了这种差异。他的研究结果表明，日本学生的持久力源自早期对于家庭和学校的关注，到了不达目标誓不罢休的地步。结果在国际数学和科学教育测试评估中得到更好的成绩，这是对知识和学生解决难题所需的韧性的双重衡量。和其他文化的人相比，美国人更多的是具备和智力有关的思维定式。

相关研究对于努力是怎样说的？罗伯特·马扎诺（Robert Marzano）、黛布拉·皮克林（Debra Pickering）和简·波洛克（Jane Pollock）发现，努力对于学生学习有很高的效应量。

教学提示

努力的强烈效应量应该鼓励成年人去转变重心，帮助学生对其努力产生反应，并且把最后的结果内化。迪恩（Dean）、哈贝儿（Hubbell）、彼得勒（Pitler）和斯通（Stone）提出一个指导性建议：让学生把所学的东西写下来，作为上课或经历的结果，也可能包括为了锻炼新技能而在以后会做的事。另一个改变努力重心的策略是，让教师对学生的努力进行评价，并且关注学生使用策略解决难题，给出具体反馈。关注并评价学生努力所产生的最终结果是，很大程度上拉近了学生和学习之间的距离，优化了学习方式。

3. 杠杆心态

让学生留心自己在大学、职场和生活准备中的未来，在教育家看来很有必要。防止厌学的每一个方面对小孩子来说都非常重要，对他们离开学校很久后的生活也同样重要。人们把与防止厌学有关的知识、技能和性格看作从学校到生活的转换。思维定式并不意味着一个人不能成功，而是这个人可能不会在成长过程中发挥出全部潜能。比如亚历克斯，他是一名高层管理人员。他头脑聪明，善于表达，会创造性地开展工作。在他的领导下，很多工作得以出色完成。然而，当有人对他提出任何工作提高和自我提升的反馈时，他也很为难。当他开始考虑换种方式做事时，他马上找到理由来质疑为何要按照自己的方式做事。如果有人提出想法，并且成功执行，亚历克斯很快就会挑剔这个想法或者埋怨这个人。如果亚历克斯自己改变了心态，他就会成长为一名更出色的领导者。

玛吉也是一个领导人的角色。当你问她怎么想到这点时，她会把对她产生影响的人分享给你，花很多时间谈论阅读和对所学的应用。她不害怕说出自己一直以来得到的很多重要教训，她意识到生活就是一个不断学习的过程，人们都在错误中成长。当她还是个新人时，她接到很多困难的任务，她坚定地接受了任务。玛吉让她的团队成员对项目做出反应，对服务作出回应，诸如此类。这样，未来就会取得成功。总之，玛吉和她的团队拧成一股绳，努力工作，取其所长，让组织不断提高。

这两种人都在工作中寻找成功。然而，由于心态不同，他们对自己的生活和周围的人产生了不同的看法。每一种心态对个人产生了怎样的影响呢？领导的心态对同一组织中同事的工作产生了怎样的影响呢？心态对组织中的追随者产生了怎样的影响呢？当仔细考虑一个人的心态对个人和周围的人产生的连锁效应时，真的令人惊讶。心态可以成就生活，也可以破坏生活。个体感知世界的方式对他们的生活有重大影响。

成长心态是成功驾驭生活中各种角色的必要属性。唐宁指出，“如果你已经培养了成长心态，那么你就有一个核心理念，这个理念会帮助你在大学及以后的日子里取得成功”。成长心态是首要的生活技巧，也是需要教师和学生理解的属性。

4. 改变和心态有关的心智模型来影响学生参与度

玛利亚（Maria）是一名教师，她在研讨会上学习了成长心态和思维定式。一开始，她反省自己，意识到自己在某些领域具备成长心态，而在其他领域是思维定式。当她想到关于数学的思维定式时，她快速总结了她的生活以及她无论如何都要避免数学的事。这个想法打击了她，她怎样才可能影响自己的学生呢？

玛利亚教给学生思维定式与成长心态以及两种心态对于想法和选择的影响。她认识到应该提醒学生，如果正在奋斗，大脑产生的神经连接是一件好事。通过改变心态，不仅在数学方面，也在遇到难题时告诉自己积极的信息，她在生活中塑造自己。失败后继续尝试的真人真事和“一万小时规则”一样，得以分享，这样不是把专家行为和天赋联系起来，而是和在某个具体领域里常年专注且刻意的训练联系起来。总之，她想让学生们明白，努力等同于提高产出。玛利亚的学生对做出的努力进行自我反思，努力与结果是相辅相成的。他们为自己付出努力并提高了学习成绩而感到骄傲。

教学提示

学生们一直记录自己在学习上付出的努力，可以使用“努力跟踪器”作为监控努力的工具。这个工具帮助学生反思自己的努力和学习，具体来说，就是努力是怎样提高他们的技巧和理解力的。（见附录）

5. 成年人的效率和学生的效力

很多成功教师感觉受到了限制，比如日历、学生贷款需要量、课时、天数、学年等。这些限制条件已经培育出一种教育环境，这种教育环境使得教学方法对于成年人很有效，但对学生并不是那么有效。

学生们都欣赏教师的知识，但是，如果教师很少考虑学生的学习方式，学生们就可能在学习和理解材料方面遇到困难。有一个学生说她一直很喜欢社会研究，直到遇到一个每天演讲50分钟的教师，她发现关于演讲的笔记和教学评估不相符。

成功的教师会意识到，自己必须影响自己的每一个学生。他们知道人际关系是核心，知道他们必须使用策略来让学习目的变得明确，还知道他们必须让想要成为课堂组成部分的学生参与到课堂中来。正如吉姆·瑞卡保（Jim Rickabaugh）指出的：“每一个没有和学生说明白的标准，都会对后面所有标准产生多重影响。”

教育者通过规划课程，确保自己做得对。规划课程是建立在让学生保持参与度和成为学习过程组成部分的基础上的。教学不是教师对学生做的事，而是教师如何欢迎学生、让学生参与到过程中来，并且利用自己对大脑的了解，让学生积极参与，从而让学生来到学校后，兴致勃勃地进入学习。

6. 学生心理状态的相关性

教育工作者已经在职前和研究生院设立了针对性课程，课程涉及教育心理学、儿童心理学、青少年心理学，还可能涉及组织或工业心理学，这种课程可以把焦点转移到学生参与上来。每一名职前教师都向列弗·维果茨基（Lev Vygotsky）学习，维果茨基相信学习是一个主动和合作的过程，来自个体对于实践知识的解读。从学生参与的角度来解读维果茨基的观点，教育工作者可以理解利用学生先验知识和经历的重要性。先验知识与经历让学生们在教师和学生之间、在先前内容和过程之间以及在未来内容和过程之间建立起更多有意义的联系。

教学提示

教师经常以一个问题开始一节课，这个问题是“我们上节课学了什么？”为的是激发学生的先验知识，为新课做好准备。这些教师显然相信，一个回顾的问题对于连接新课和旧课已经足够了。有一个更有效的方法，就是使用一个暗喻或者类比，推理问题或者非语言表现。这样，随着课程的推进，学生开始思考相关内容，创建和新信息之间的联系基础。

维果茨基说过，一个学生可以使用口语来讨论任务，以此帮助自己完成这个任务。这就涉及自我对话，可以促进孩子自身的行为。当教师知道了学生自我对话在完成任务中的重要性时，就会鼓励学生一整天都在讨论，自我言论可以促使学生得到乐观进取的信息。积极有力的自我对话有助于塑造心态。教师开展能够发挥学生能力极限的活动，让学生们有能力自我应用这种策略或技巧。维果茨基指出，学生只能模仿自己能力范围内的事情。他称这为最近发展区。有效率的教师使用形成性和总结性评估来了解学生知道什么，从而教给学生接下来需要知道的东西。

把学生带入一种知道努力的作用和重要性的心态中，需要的是关心和意图。教师规范学生的想法，就像本章开头故事里提到的跑步选手一样，他们的想法可以改变行为和态度。当学生养成了成长心态，在遇到困难时，就会学会冒险和坚持。当教师营造出信任的氛围，欣赏学生们带到教室的礼物，包容的基调就会形成，这让学生学会冒险。心理学支持对学生如何学习的理解，这样，教师可以促使学生取得进步。创造一个心态培养的环境，首先需要利用我们的技巧和工具。

7. 从思维定式到成长思维

知道思维定式和成长思维很重要，然而，成长思维产生行动更加重要。每一个人都有能力帮助学生养成成长思维或者思维定式。信念、言语和行动都可能对自己有益或有害。教师分析的信息以及在教学和对话中强调的信息，都会对学生的心态产生强大的影响。每当想到一名教师对于一个学生的影响力，想想推土机，想想海啸，想想鼓舞。的确，教师的力量可以和所有这些相提并论。

杰基（Jackie）是一个快要从初中辍学的孩子。她在所有学科领域里挣扎，在数学上尤甚。当遇到难事时，她会认为跟教师讲俏皮话更容易，在课堂上捣乱才可以掩盖自己内心的挣扎。大学一年级里，她开始使用和过去相同的伎俩，避免人们发现她在数学上的劣势。这时候，她的教师从见到她的第一天就想要了解杰基。教师想知道这个孩子不为人知的一面。为什么杰基会有这样的表现？她每天分心的根本原因是什么？数学教师出去找到了自习室里的杰基，询问她过得如何。聊天进行了一会儿。然而，在相当早的某一时刻，杰基感觉这名教师就是值得她信任的人。正是这份信任，让教师开始走近这个孩子，这是其他人无法做到的。

教师给杰基做了个人数学评估，精确地找到杰基的差距在哪里。教师发现她有差距，开始辅导她来弥补这个差距。辅导表明，杰基取得了很小的进步。然而，数学教师很快意识到一个需要教师们共同关注的问题，这个问题更深入、更关键：教师产生了一种强烈的预感，感到杰基不再相信自己是个学生，而且教师必须每天强调她是一名很正常的学生，她才能取得一点点的进步。杰基必须意识到，问题不是她能力不够，而是她没有给自己学习所需的核心策略。教师告诉她，如果付出时间和努力，她就可以看到自己在理解数学问题上的成长。教师和杰基讨论了对于学习、努力和关注点的态度如何影响她对待数学。教师鼓励她一直以态度和努力为中心，并且告诉她："让我们看看会发生什么。"

很明显，教师的期望值很高，但是她知道如果自己可以让杰基为了摆正心态而行动起来，杰基的数学成绩很快就能跟上。教师使用数学评估来建立一条基线，并且开始画出杰基成绩的曲线图。每一周，教师都会对杰基学习的概念进行简短评价，展示杰基的成长。每一天，教师都帮助杰基自我反省，认识自己投入的程度。经过这个过程，杰基开始看到自己在数学上投入的时间与努力和自己的提高有直接联系。经过这个过程，杰基开始用新的眼光看待自己，她认为自己能够成为一名好学生，也会把数学学好。其实，她已经从思维定式转变为成长心态。杰基发现自己所处的环境很普遍。教师对心态的理解就是支持学生所需的强大动力，从而让学生得到鼓舞，知道自己真正能做什么。唐宁指出，"如果你意识到自己形成了思维定式，你就不会被它束缚，因为你可以自己修正心态"。

不管是我们目睹的、我们参与的故事还是亲身经历的故事，心态的转换是一个会引起结果动态变化的变量。这些故事让人振奋，心态转变的人令人骄傲，他们的成功也令人高兴。关于环境，关于策略，关于人际关系，为了让他们的成功能够在其他学生身上得到复制，我们需要了解些什么呢？

现实中，学生的心态当然可以放在一个连续统一过程的不同点上，不管是思维定式，还是成长心态。每一名学生都在不同的点上进入这个连续统一过程，而且很可能在生活的不同领域中处于不同的点上。比如，凯文在篮球和其他运动方面具有成长心态，但是在数学上具有思维定式。他的教师可以借此机会，帮助凯文弄明白，篮球上的成长心态可以转移到数学上，从而助他取得成功。以下问题会对他有帮助：休息时，放学后，或周末你多久打一次篮球？为了学习新技能和技巧，你多久注意一次其他打篮球的人？如果你把额外的时间花在数学上，你认为你的数学能力会有怎样的改观？如果你注意同学们怎样解决问题，并且尝试这些技巧，这会怎样帮助你了解数学呢？

既然我们了解了心态的力量，对于成年人来说，接受学生们正常所在位置是不情愿的。因此，我们有义务来帮助学生们评估自己所处的位置，并创造条件，让他们加强成长心态，开启个人转变。

增强5—12年级学生成长心态的练习

让班上的学生采访一个他们生活中的成年人，给他们以下参考：

· 和成年人分享自己正在学习怎样解决每个人生活中都会遇到的棘手问题。

· 更加具体地，分享你正在学习怎样让态度、信念和努力在完成挑战中发挥作用。

· 向成年人提出两个问题：“请描述你生活中遇到的一个大挑战”“为什么在这个问题上取得成功那么重要？”

· 让成年人分享关于那个挑战的前后细节，这样你就设身处地，身临其境，面对这个挑战。更加具体地，询问在场的人他们必须挑战的变量，询问人们的观点、面对的风险以及他们对挑战的感受是什么？

· 询问什么是紧要关头。

· 询问他们使用了怎样的战略来协助解决问题。

· 询问他们的态度和努力有多么重要。

· 询问他们今天是否做了不一样的事情，询问他们对于问题结果的感受是什么。

随着每个学生进行单独活动，让学生们和同学们分享自己的采访故事。在每种情况下，都要向学生们复述自己听到的，并询问学生们一些探究性问题。让学生们站在当事人的角度考虑问题。询问学生们自己遇到类似的处境会怎么做。还有，询问学生学习了成长心态后，会有什么不同的做法。后续的活动将扩展学习，给学生们提供一个加深理解的机会。进行良好的活动，就是让学生们回想他们愿意让情况好转的时候。这种反应会进一步导致学生们加深对心态转换需求的理解。（见方框）

指导学生自我反省的核心问题

·我本身的工作足够努力吗?

·我对工作还再努力一些吗?

·我可以稍微改变一下现在的策略吗?

·我需要全新的策略吗?

·关于我的理解和我接下来所需的指导，我需要澄清自己给教师的反馈吗?

·我可以改变态度吗?

·如果我不能改变态度，我可以改变方法吗?

·网络以及与同学合作对于现在的学习小组有帮助吗?

·我自己能做什么事情，来让学习经历变得更有趣、更有意义?

·如果我朝着成长心态改变自己，这会成为习惯吗?

·如果我记录自己在学习上的态度、努力和提高，调查结果准确吗?我可以改变这个趋势吗?

8. 成长心态对情绪、行为和认知参与的影响

成长心态直接关系到学生学习的情绪参与、行为参与和认知参与。当

教育家和教育工作人员明白了成长心态的力量，他们欢迎和教会学生所选择的词语就会影响他们的情绪参与。以努力为焦点的强调反馈的词语对学生成长十分必要，这不仅仅是获得优秀成绩这么简单，而是为了理解而学习以及把学习应用到生活情境中。当教育家重视学生的想法并建立一个支持社区，情绪参与就会得到加强。

成长心态的特点，包括迎接挑战、遇到挫折时坚持住、为了掌握知识而努力以及成长为学生的反馈。行为参与就是教师帮助学生理解成长心态的特点并给学生创造迎接挑战的机会。

成长心态的特点也对认知参与产生直接影响。教师给学生们时间来自我反省，记录付出的努力，鼓励灵活地解决问题，并创造一个明显具有学习乐趣的氛围，让学生理解学习的重要性。

9. 性格的重要性

“桃乐茜（Dorothy）因为自己的谦虚、尊严和种族而受人羡慕，也因对他人的关心而受到尊重。家人和朋友都喜欢她，她也用温暖的心回报这份爱。”这些话描述的是一位最近离世的女士。文字描述了她的性格，而她的性格就是他的遗产。

安德烈·波切利（Andrea Bocelli）是一名以男高音而闻名的意大利歌手。在他很小的时候，他就发现音乐可以让他平静下来。安德烈描述了他多么热爱充满挑战的曲目以及他多么喜欢演奏。受到来自家庭的压力，他拿到一个法律学位，但他的热情仍然在音乐演奏上。正是他的坚韧和“拒绝接受失败”，使他成为全球成功的演奏家。在波切利（Bocelli）、施瓦茨（Schwartz）、福斯特（Foster）和司盖拉克（Skylark）的歌曲《因为我们相信》（*because we belive*）中，歌词强调了这种韧性：“向前看，永远不要回头看梦想的抚摸。”持久性和坚韧是波切利成功的关键。

文斯·隆巴迪（Vince Lombardi），是1958年至1967年格林湾包装者队的总教练。他带领球队拿到6次分区冠军，5次全国橄榄球联赛冠军和两次超级杯赛冠军。对于威斯康星州的球迷来说，他就是个传奇。他教会球员并执行核心原则，这些原则包括承诺、团队合作、自律、毅力、领导力、心理韧性、热情、信心、真理、信仰和习惯。这些核心原则就是他如何生活并且被人记住的事情。

教练隆巴迪拿下面的金玉良言与团队成员分享："思想决定信仰，信仰决定言语，言语决定行动，行动决定习惯，习惯决定性格。"在学校，我们要影响学生的性格。我们可以引用文斯·隆巴迪的话，把基本原则教给学生们。笔者认为，我们需要文斯·隆巴迪描述的基本原则或者一套更广泛的技巧和性格，帮助学生们取得成功。性格是形成一种特殊性情模式的趋势，技巧是性格的行为表现。

10. 性格：现在和将来

近来，很多国家的学术标准开始关注批判思维、问题解决和分析技能。这些技巧可以鼓励学生，使他们愿意接受充满活力的大学以及现实的高要求的职业。不过，还有一个没有被充分强调的概念，那就是教会学生他们需要的技巧和性格，从而学会批判思维、合作、交流以及创造性地解决问题。

当今世界变化不断，学生们需要武装自己，学习如何培养性格，适应变化，因为性格会帮助他们发挥最大潜力，取得成功。《思维习惯影响下的学习和引领》（*Learning and Leading With Habits of Mind*）和《性格：重构教与学》（*Dispositions: Reframing Teaching and Learning*）的作者，阿特·科斯塔（Art Costa）和贝娜·考力克（Bena Kallick），分享如何"让专注不仅是学习表面的内容，也是学习深层次的内容，因此有意地模仿和培养性格。科斯塔和考力克继续探究，性格需要击中课程设计的核心。

一句警告不能在一周之内养成性格，因为它不会真正培养学生们的性格，只是一种交易性的改变。但是，警告可以让学生们知道性格是什么。

和学习有关的性格应该是学校教育成果的主要表现指标。许多人倡导大规模评估，相信如果成绩提高了，就对性格产生了连锁反应。然而，这样的信念并不能令人信服。这种性格需要有计划的干预。

当一个人做出转型和改变，就是反思了自己如何做事。因此，的确是我们对课堂设计的反思，让学生们期待性格、证明性格、养成性格。

11.性格对防止厌学的影响

教育工作者对信息唾手可得，但面对日益增长的共享信息，也可能手足无措。科斯塔和考力克提出："我们正生活在一个不确定性、复杂性和模糊性日益增长的时代，关于价值、信仰、决定和生活的矛盾模型不断轰炸着我们。"防止厌学的框架源于四个信念：心态、内心对话、自我决定和文化。我们认为这四个信念将会直接影响教师和学生的核心输入以及教育输出。

这四个因素之间协同作用。成长心态让更多学生投入学习成为可能，学生们的内心对话支持成长心态，从而决定自己是否着手处理任务。教师可以使用有意识和有目的的话语，帮助学生培养成长心态。反馈和反思性提问打开了学生们行为、观点和精神状态的能效大门。自我决定促使学生创立目标，自己指导自己的学习。学生们带入课堂的自主性和所有权，导致了本质动机，不仅让学生更加融入课堂，也致力于终身学习。最后，文化定下基调，允许学生优先使用这几个部分。

在防止厌学框架的边缘，是一系列的技巧和性格——通过学习、影响、监控与赞美可以获得的技巧和性格。学生更可能对学校和生活中的学习都充满热情。随着性格得到理解并被强化，我们相信教师们在教室里的经历，这些努力巩固了我们的想法，也带来了越来越多的成果。本章的剩余部分主要讲性格，性格与这个框架中的每个信念都高度一致地匹配。此外，我们定义了技巧和性格，也提到了完善性格的策略。

12. 具有成长心态的性格

格洛丽亚（Gloria）是一个很早就经历过成功的学生。她发现数学和科学对自己来说很容易，她擅长体操，也喜欢拉小提琴。上高中前的学校生活一切顺利。令父母沮丧的是，她在高中学习并不顺利。父母不得不要求她做作业和学习功课，在家的日子变得越来越糟糕，父母想知道到底哪里出了问题。

带着满腔愤怒，父母找到格洛丽亚上年度的教师，看看有什么线索可以帮助他们解脱困境。教师听到了她家里发生的事情后，开始着重考虑成长心态的问题。她注意到，父母谈论了女儿轻言放弃，遇到有挑战性的作业就找借口。教师针对成长心态和思维定式提出自己的看法，父母听到思维定式，惊呼这就是在描述自己的女儿。

教师让格洛丽亚做一做卡罗尔·德维克的心态测验（学生版）。这一步帮助教师有意识了解思维定式和成长心态以及大脑如何工作。一周以来，格洛丽亚和同学们学会自我交谈，学会如何培养成长心态。在接下来的几周里，讨论让教师有机会了解到这种心态的其他性格表现。如表3.2所示。

拥有成长心态的学生会以不同的方式感受环境和世界。他们明白努力对个人表现产生影响，明白受到某一个观点、概念或任务的挑战很正常，也明白努力和恒心可以战胜挑战。成长心态打开了性格调整的大门，而性格可以帮助学生学习。

表3.2　教师眼中的成长心态

<table>
<tr><td rowspan="6">支持动机核心部分的技能和性格

“我可以达到为自己设定的目标”</td><td colspan="3">具有成长心态的学生相信他们可以提高能力。他们敢于冒险，充满好奇，有目的地靠近未知领域，坚定自信地解决问题。</td></tr>
<tr><th>技能/性格</th><th>定义为</th><th>这样的教师会支持</th></tr>
<tr><td>好奇

“我可以想要学习更多”</td><td>了解、学习和理解事物的强烈渴望。</td><td>给学生选择，帮助他们和自己真正好奇的主题取得联系。
苏珊·恩格尔（Susan Engel）分享了如下增强好奇心的核心观点：
·数一数学生提问的数量（对学生提问的数量和质量有一个认识）；
·给学生们寻找答案的时间；
·教师追踪给予学生的用来找到所需所想信息的机会数量。</td></tr>
<tr><td>感兴趣

“我可以探索并学习新事物”</td><td>对事物的强烈兴趣</td><td>通过行动来说明教学的重要性，从而让学生观察教师参与并努力完成一个过程、问题或难题。当教师能够模仿他们的兴趣时，学生也会更好地理解兴趣的过程。</td></tr>
<tr><td>冒险者

“我可以自信地尝试新鲜事物”</td><td>承担一项“达到能力极限”的任务</td><td>营造一种即使任务失败了也让学生感受到支持和鼓励的环境。
营造一种鼓励学生“在失败中前进”的环境。
约翰逊·史密斯（Johnson Smith）分享了下面的建议：
·告诉学生们教室里要求的冒险环境；
·演示冒险，解释适合的冒险让人变得更好；
·演示一次对于害怕事物的尝试；
·创造一种大家都为冒险鼓掌的文化。</td></tr>
<tr><td>坚定自信

“我可以恭敬地分享我的观点”</td><td>恭敬自信地传递自己的观点和想法。</td><td>鼓励表达观点和想法。
教会学生如何恭敬地分享观点。
科尔布(Kolb)和史蒂文斯-格里菲思(Stevens Griffith)建议，当有人要求学生做不合适或不安全的事情以及进行武断的包含下面内容的沟通时，要教给学生说不的技巧：
·用平静的声音说话；
·用我来表述；
·分享做过后的感受；
·提前讨论期望的结果。</td></tr>
</table>

表 3.2 续

	技能/性格	定义为	这样的教师会支持
支持掌握的核心组成部分的技能和性格“我可以成为这个方面的佼佼者”	转换 “因为相信，所以获得”	使用新的关于能力、新技能和理解力的信条，让曾经认为可能的事变得更加有效。	提供选择和设定目标的机会，确保时间、对话和自我反思。有意识地强化归属感和相关性。
	自我管理 “我可以自己做”	没有他人的帮助，而对自己的行为承担责任的有意识选择。	评估学生自我管理的能力，他们向学生们分享期望、模仿行为、给予反馈，也给学生反思的时间。小孩子从期望的可视化提醒中获益。苏姆布鲁恩（Zumbrunn）、泰德罗克（Tadlock）和罗伯茨（Roberts）在文献综述中发现如下自我监管学习的策略： · 学生设定目标，制订达成目标的计划； · 学生沿着目标追踪学习； · 帮助学生创造注意力控制的意识； · 学生使用学习策略来理解材料； · 学生对学习进行自我评估；
	目标设定 “我可以设定并完成目标”	创造一种想要的愿景，集中精力，努力通过设定目标来看到这样的愿景。	为学生留出时间来反思自己的工作，设定目标，监控自己完成目标的进展。顺克（Schunk）和赖斯（Rice）在研究中发现了以下几点： · 教师对于目标的具体反馈提高了学生的自我效能和成就。 ·（和知识相适应的）过程目标提高了学生的理解和效能。 顺克（Schunk）提醒教师要帮助学生： · 聚焦于过程目标； · 创造关于学生最近发展的具体目标； · 把长期目标分割成更小的短期目标。
	有弹性 “我可以适应生活赋予的”	克服并适应有挑战的生活经历的能力，给予失败和不幸以积极的回应。	如果学生犯了错误，让学生解决如何帮助未来的自己这一难题。 如果学生犯了错误，或者对某种情况表现过度，承认这些，演示他们自己的策略来改变自己未来的行为。萨格尔（Sagor）指出，为了培养有弹性的学生，培养他们未来的成功，应该聚焦于以下几种学生能力： · 胜任； · 归属； · 有效； · 效能； · 乐观。 亨德森（Henderson）指出，成年人需要帮助学生了解并理解自己的长处，营造一种关心和支持的环境。

在每一种性格中，教师都需要培养学生的优势。在动机类别下，性格有好奇心、感兴趣、敢于冒险以及魄力。为了培养并强化这些性格，教师必须有能力看到积极的一面。比如，什么时候学生对一个项目感兴趣，想要继续做下去，即使该进行下一个主题了；或是什么时候学生试着做科学实验，实验结果不尽如人意，好奇心应该让他敢于冒险；也或者是什么时候学生礼貌地说出自己对于社会研究的观点，而他的观点和教师的观点不一致。每种情况下，学生都用性格来鼓励课堂上的自己，成为生活中的强者。作为成年人，你需要注意到这个机会，当学生们表现出性格的时候，要适时提供帮助。

在一定范围内，与转换、自我管理、目标设定和适应力相关的性格开始帮助学生把每天作为一个新的开始，充满新的可能性，不管之前发生了什么。教师可以传递出“今天是新的一天”的讯息，而且自我谈话也是改变心态的积极方法。

13. 强化学生性格的课堂策略

当学生开始关注性格，他们就会在意自己展现出来的性格，并做出积极选择来适应某些行为。如果教师、学校或街区在教育和培养性格方面积极有效，教育工作者的工作就会更灵活有效，而不是艰难受阻。

任何系统性变革，都需要给员工学习和成长的机会，并致力于工作。工作始于员工们对防止厌学框架的理解以及员工对自己和学生常用词汇的适应。从而，员工相互合作，讨论把信念和性格的补充内容作为课程设计的中心环节，并为学生考虑，思考自己作为教师拥有了什么性格，反思如何规范学生，建立课堂氛围，从而让学生成长。科斯塔和考力克指出，只有“很少的人”意识到行动图并不是他们明确遵循的理论。比如，教师可以说他们想让学生在解答数学难题时坚持不懈，或者在学习中自我指导。然而，如果学生们没有必要的时间来努力并坚持解题，或是没有设置让学生在给定时间里做什么的指南，对学生来说，要成为有恒心、有自觉性的学生就是一件难事。

为教师和工作人员提出一些问题，自我反省，创造一个有助于培养性格的环境，从而推动个人发展。这些问题包括：

- 我为什么关心自己和学生的性格？
- 对我来说，应该模仿怎样的优势性格？
- 我在日常生活中自然流露出的性格是怎样的？
- 我应该如何管理个别学生需要的性格模仿？
- 在课堂上，在学校里，在街区里，我怎样重视性格？

一旦工作人员了解了他们自己的性格，他们就可以更好地认识到学生性格的状态。首先就是让学生们意识到性格和相关的思考习惯都会积极地影响行为。其次，教师和工作人员想要把性格的教育融入每日课堂，成为正常化。一些教师会利用课程或内容领域来强调或者联系上受到别人学习的性格，而其他教师会选择讨论的方法，探讨一种性格如何在下一个项目、活动或过程中得以践行。再次，教师给予学生有意的反馈，这样引起学生关于自身性格成长的元认知。最后，给学生时间，对自己的性格给予自我评价，包括优势性格和今后需要进一步加强的性格，这很有必要。在教学、模仿、给予和反馈的过程中，学生的性格就会转变。

学生可以通过对性格的讨论、写作或者给予，利用表3.3给出的学生自我反思工具，监管自己的成长和性格。

图3.2 成长心态——“我是”

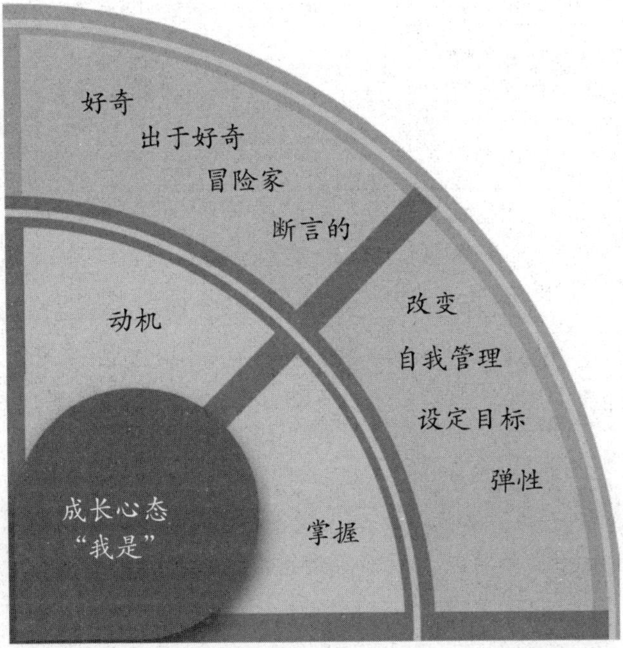

14. 成长心态如何支持有热情的学生

本章以一个跑步运动员的故事开始，通过教练的帮助，她养成了成长心态。也举了其他例子，比如一名学生，具有思维定式，遇到了由思维定式引起的态度和学习上的难题。简言之，成长心态很重要，教师对于心态的知识储备以及对于学生的有意行为更加重要。培养成长心态是帮助学生产生学习热情的第一步。

我们的教育体系对成年人是高效率的，或者说这种体系对学习者来说，更加有效，并且以学生为中心。如果人们认为一个人具有思维定式，他或她就可以通过他人的支持，转变为成长心态。一个学生在转变过程中的反应主要影响了内心对话，第四章会介绍内心对话。

表3.3　引起学习热情的动机和内部条件

<table>
<tr><th rowspan="2"></th><th colspan="4">心　态</th></tr>
<tr><th>无视</th><th>服从</th><th>参与</th><th>充满热情</th></tr>
<tr><td>好奇</td><td>如果给我一个探索观点或概念的机会，我能够选择一个不包含学习新内容的活动。</td><td>我能够来到教室，让我参加什么，我就参加什么活动。</td><td>我能够学习和理解，因为我有强烈的想了解更多的渴望。</td><td rowspan="4">我受到激发，充满学习新事物的积极性。我带着坚定自信、充满强烈与好奇和敢于冒险的心态，向学习靠近。</td></tr>
<tr><td>感兴趣</td><td>我能够来到学校，但是对于探索新话题或观点不感兴趣。</td><td>我能够聚焦于努力完成教师布置的作业。</td><td>我能够探索自己强烈感兴趣的机会。</td></tr>
<tr><td>冒险者</td><td>我能够来到学校，遵守设定的惯例和步骤。冒险让我不安。</td><td>有人指导时，我能够尝试新的策略或技能。</td><td>尝试新点子、策略或技能时，我感到很舒服。</td></tr>
<tr><td>坚定自信</td><td>如果遇到挑战，我假设自己无法解决，也不会寻求帮助。</td><td>我能够就日期和截止日期以及其他信息进行提问。</td><td>当有感兴趣的问题时，我会坚定自信地寻找答案。</td></tr>
<tr><td>转换</td><td>我对事情现在的发展情况感到适应。</td><td>我能够做到课堂上期待的样子。</td><td>我能够积极看待自己。我已经改变自己的行为和选择，从而令身心更加健康。</td><td rowspan="4">我是一个理解动机和付出努力的人，这让我掌握知识。我带着转换学习、自我管理设定的目标和有弹性的目标向学习靠近。</td></tr>
<tr><td>自我管理</td><td>作为追随者，我感到很舒适。</td><td>我能够管理自己，这样我不会陷入麻烦。</td><td>我能够自我管理我的行为，对自己的行为负责，无须他人帮助。</td></tr>
<tr><td>目标设定</td><td>对于没有目标的生活，我感觉良好。</td><td>我能够设定一个目标，当教师让我这么做时。但是我不用目标设定来完成自己的目标。</td><td>我能够设定目标，反映在进展中。</td></tr>
<tr><td>有弹性</td><td>我害怕压力带来的焦虑。</td><td>如果失败了，我能够做到成年人让我做的事情并最终完成任务。</td><td>我能够在面对不幸或失败时积极思考。</td></tr>
</table>

第四章　内心对话

一名学生听几个同学说，作为班级的计划之一，他们打算拍一部电影。他向教师咨询这个计划，告诉教师他将来想成为一名电影制作人，他很重视这个工作。然而，教师根据学生们的能力大小和之前完成作业的情况来选拔学生，并回答："我给你们每一个人选择了一个任务，你们的作业就是制作一张海报。"

教师没有看到这个学生的闪光点，反而关注这个学生通常花多长时间完成作业，教师认为这才能衡量他的能力。教师的预期看法就是速度快等于聪明。这个学生内化了的信息就是：自己不够聪明，所以不能完成创造性的作业或者和其他同学合作。几句话就可能压抑雄心壮志，或是改变生活。

日常对话用语很简单，但是影响很复杂。作者彼得·约翰斯顿提醒我们："一个简单的评价可以深刻地改变一个孩子的学术和道德选择。它简直改变了孩子生活的全部世界。"我们的措辞可以点燃或者压抑一个主意，开始或阻止一个行动，鼓励或干扰一种想法。我们对自己的措辞选择负有责任。助力想法或者打破精神，常常在于我们说出的话，它们很有力量。本章介绍的是可以助燃或熄灭每一个孩子学习热情的出人意料的言语方式。

1. 内心对话

图4.1强调了内心对话。内心对话就是头脑关于经历的想法和感受而

产生的讨论。这种内心的持续对话可以改变人们认知自己和周围世界的方式。作为一个整体，这个世界充满影响人们的负面消息，包括形成冷漠文化的言语。下面是导致破坏性内心对话的消息示例：

- 提出让学生防卫的问题；
- 对学生处境根源没有同理心的言语；
- 用攻击性的语气说话；
- 表现自己对学生的话不感兴趣的言语。

图4.1　内心对话——“我认为”

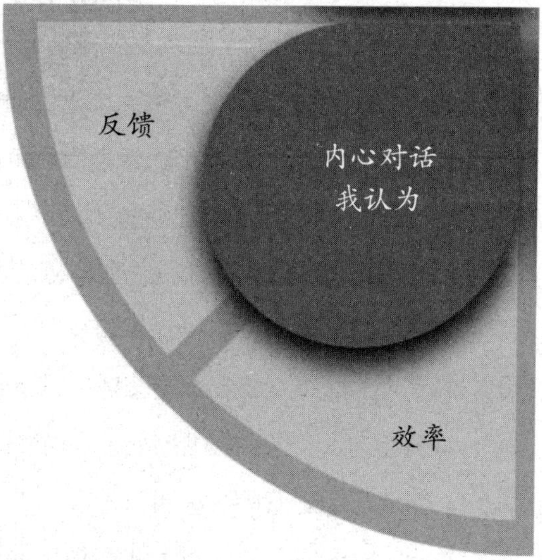

表4.1　效力和反馈的定义

术语	定　　义
效力	对自己有能力完成任务的信念。
反馈	中间人提供的关于自己表现或理解方面的信息(比如，教师，同龄人，书记，父母，自己，经验)

为了对抗消极信息，我们需要做出选择，改变学生的内心对话。然后，学生们更可能内化他们的优势，让他们发挥出自己最大的潜力。积极的内心带给学生能力，帮助他们换一种方式思考，带着“我想我的学习方向很正确”的想法，或者“我是一个积极的学生”的想法，或者“我想我可以完成学习中的重要任务”的想法。

2. 用积极假设影响学生对自己的看法，并转化为课堂上的自信

积极假设就是我们对一切人和事的积极意图。本章开头的故事就是一个明显的缺乏积极假设并对学生产生悲观影响的例子。对于反馈的积极假设会对学生的内心对话产生影响。学习文化建立在积极假设的基础上，我们都有擅长的领域，社区里的每一个学生都对课堂贡献价值。表达积极假设并具备很高期望值的教师，可以帮助学生培养能力，挖掘他们的全部潜力。使用积极的言语，教师可以帮助学生确定自己的优势，强化关于自己能力的具有建设性的内心想法。一个肯定学生具有实现目标所需潜力的教师，就是学生眼中的同盟。他信任学生，当学生承担冒险或失败时也不会放弃学生。

不仅我们说的话很重要，说话的语境也同样重要。“做得真好”可以出自一个值得信任的朋友，也可以来自一个完全不同的讽刺和批评者。

维果茨基确认了社会环境的重要性以及人们如何通过社交互动来接收语言信息。维果茨基表示，语言和想法是相互关联的。通过语言，人们厘清思路，巩固思想。

耶格尔（Yeager）和他的同事发现，对学生使用积极反馈，让学生知道反馈是基于很高的期望，让学生确信教师对学生达到期望能力的信心，这些都会让学生修改论文，提高表现。和没有获得这些支持的学生相比，

提高表现的学生数量显著增加。

回想有人对你说话消极的时候。
这些话如何影响你做出选择？
这些话如何影响你对自己的评价？
你可能已经能做到充耳不闻，或许你可能已经把它记在了心里。

回想有人对你说话积极的时候。
这些话如何影响你做出选择？
这些话如何影响你对自己的评价？

考虑一下，一个学生写了两段话，教师给他反馈。下面的例子（表4.2）说明了语言如何影响一个学生对“什么对我很重要”的理解。

表4.2 反馈举例

教师读了作业，评语是：书写漂亮，但拼写需要改正。然后看另一个学生的。这个学生看到评语后，会觉得表面比内容更重要。	更加有效的信息是评价语态，单词选择，或是两段话表达的观点，然后提问一个问题，让学生继续深究自己的作文。 评语可以是：“哇！你描述的那只猫‘如影般移动，只有闪烁的双眼告诉我它在那里’，很吸引我。我想知道，当盒子翻倒在地时，故事的主人公是如何反应的？可以再多说一些吗？我想如果你把这些细节整理起来，故事会更棒。”这样，学生得到了自己很棒的反馈，有动力获得进步。

这位教师在积极见解方面很有研究，他已经影响了学生的自我认同。

彼得·约翰斯顿（Peter Johnston）、哈利·伍德赛德-吉龙（Haley Woodside-Jiron）、杰尼·戴（Jeni Day）研究了教师用语对于学生的影响，观点写入文章《教与学的文献认识论》。在一次访谈的总结中，一个青年学生分享了自己对于读写能力的看法。这个学生说，优秀的读者是安静地读章节书的人。这个孩子把安静的行为认定为优秀读者的行为。然而，有些学生在大声读或提问的时候，理解能力更强。如果一个需要大声阅读或讨论问题才能理解的学生，得到一个安静就是优秀的信息，这个孩子可能就会认为自己不是个好学生。引证的学生还说："优秀的读者阅读章节书。"在这种情况下，教师就可能无意中传递给学生一个信息：章节书比其他书更有价值，即使有些图画书的词汇量比章节书更大或者意义更深刻。阅读散文、诗歌或图画书的学生可能会得到错误的信息。

这个学生还说，她不会帮助班上的同学，因为这样"会让他们知道自己的想法"。这位教师通过言语和行动，营造了一种氛围，致使学生们相信必须自己想出答案，而协作是没有价值的。这个学生说她不帮助他人，是因为她认为应该保留观点，而分享观点就是一种欺骗。调查研究强调，成年人需要和学生一起努力，要注意语言对于自己学生的影响。

如果一个教师每天都说"找一个小伙伴，用100秒的时间，分享自己大声阅读时对人物的理解如何反映到遇到校园恶霸时的表现上"，或者"能和思维不同的人成为同班同学，我们感到很幸运。当我遇到难题时，有时和其他同学交谈是一个好办法，他可能会帮我从一个不同的角度看待这个问题"。和学生有关的积极见解使得教室成为一个他人的想法和观点很有价值的地方，学生之间的合作会促进思考。有意向的语言可以帮助学生培养这种合作心态。

3. 有意识地使用语言，培养学生内心对话

学生会受到单独互动和积累互动的影响。可以使用鼓舞人的语言和反射性问题，当下次告诉孩子什么能做和什么不能做时，类似的情境会出现，这会让孩子避免承担风险。

假设一个孩子要去拿什么东西，不小心打翻了一个玻璃容器。大人可

能会有不同的反应。

反应1：走开，坐在椅子上，反思自己做了什么。

反应2：我们需要打扫干净，这样不会伤到人。我看到你在碗橱里拿一个东西，不小心撞翻了玻璃容器。以后你会怎么做呢？

第一种反应传达出来的意思是错误不可以得到原谅。这个孩子独自一人，听了大人的话，为了独立完成任务而承担风险之后变得被动。语言可能会引起风险规避？语言可能会影响以后的学习？

教师的言行是不是已经营造了一种让学生融入学习或者压抑学生的氛围？教师的反应、言语和问题怎样让学生改变心态呢？

在第二种反应中，“我们”这个词是有意使用的，表明大人和孩子是在一起的一个团队，要一起把垃圾清理掉。大人传达给孩子的信息是，错误发生了，我们有责任清理干净，并得到教训，这是一种培养独立性的方法。

第四章的最后一部分关注的是反馈。我们首先介绍了围绕选择言语的对话（约翰斯顿，2004），所以对于反馈的讨论信息量更大，意义更加深远。斯坦福心理学教授卡罗尔·德维克（Carol Dweck），研究了学生从思维定式到成长思维的学习成长和属性成就。具有思维定式的学生把智力看作天生特质，具有成长思维的学生相信自己可以通过努力来提高智力。很多研究都支持一个观点，那就是成年人和学生的语言会影响学生的心态。比如，当有人告诉小孩子说他很聪明，在遇到难题时，他很可能避免冒险。而那些相信“智力源自努力”，喜欢克服障碍的学生，往往承担了很多有挑战性的工作。

学生们具备成长思维或是思维定式，来到学校后，对周遭的环境产生了相应的反应。有些学生具备了成长思维，当面临困难时会坚持不懈。教师必须帮助具有思维定式的学生，让他们重新融入课堂。

米歇尔是一名安静的一年级学生，在转校后最初的几个月里，她十分挣扎。教师们听说米歇尔消极评价自己的能力，比如，“我不能像其他同学一样学习，因为我不够聪明。”通过近距离地倾听她的诉说，教师们发现米歇尔幼儿园的教师常常对米歇尔和她的妈妈说，米歇尔的学习能力有限。

米歇尔新学校的工作人员把她的学习看作自己的责任，经常和她沟通，他们相信米歇尔有能力面对挑战。她相信他们，感觉自己能够依靠他们之中的任何人来帮助自己。教师们教给米歇尔学习策略，帮助她在阅读和数学方面取得收获。每一天，教师都会问她探究性问题，鼓励她回想自己如何想出问题答案的。教师们不是表扬她的聪明，而是表扬她学习不同策略的能力，正是这种能力让她解决了很多不同类型的难题。教师们常常评价她付出了多少努力以及这些付出得到了多少回报。教师们常常提醒她，大脑就像肌肉，锻炼它就会得到提高。到第一学期末，米歇尔赶上了自己的同学，到今年年底，她常常与同学们合作，感觉自己和他们没什么分别。米歇尔告诉学校里的大人，她长大后立志成为一名教师，这样她就可以用教师帮助自己的方式来帮助孩子们。

米歇尔的成功归功于以下几项的共同作用：培养人际关系，获得积极信息，鼓励反馈后的探究，成长心态以及恒心。米歇尔把学习和新策略（而不是天赋）联系起来。米歇尔有幸遇到了懂得成长心态力量的教师。

与此相反，伊莱恩在第一个季度后换了学校。她的父母说，让孩子转学的原因是，之前的教师不能满足孩子的需要，自己的孩子天赋禀异，阅读能力超群。进入新学校后，伊莱恩对新教师的第一句话就是，“我是学校里最聪明的一个孩子。”教师很快发现她的确在阅读和数学方面能力超群；然而，她也害怕尝试新的挑战。

伊莱恩自我感觉积极聪慧，但是具有思维定式。即使对于聪明孩子，思维定式也是一个不利因素，因为它体现在避免挑战和从不承认对刻苦努力的需求。为了对抗思维定式，教师告诉学生们，每个人都有特别的天赋，班上每个人都要向其他人学习。她上的课是关于有挑战性的项目如何帮助我们构建大脑神经细胞的。教师鼓励伊莱恩，通过让自己融入困难的任务，来增加新的树突。教师告诉她，挣扎是大脑新通路建立过程的一部分。通过不断的信息支持，伊莱恩获得安全感，开始冒险，从不同的角度看待作为学生的自己。

一些教育工作者可能会屈从并相信思维定式，从而对学生产生自我实现的预言。如果学生得到关于自己在知识或技能领域缺乏能力的信息，他们就会产生思维定式，并终身持有这种信念。教育工作者帮助学生们关注成长机会，改变学生的内心对话，这样学生会开始这么认为，“我还不能这么做，但是更多的努力会让我做得更好。”

在很多情况下，一个学生会受到大人心态的影响。布兰德根（Brendgen）、沃纳（Wanner）、维塔罗（Vitaro）、布考斯基（Bukowski）和特伦布莱（Tremblay）做了一项研究，那就是一年级的学生收到教师们的负面信息时，会在上学期间遭受怎样的负面影响。他们发现，女生受影响最大，高中毕业率下降了7%。利希特和德维克也研究了小学适龄儿童，研究发现，遇到挑战时展现出无助反应的学生，很可能受过大人的批评和训诫。如果这个大人本质上是惩罚性的，那么这个学生就会产生思维定式。相反，如果这个大人具备成长心态，模仿成人说鼓励的话和与努力有关的评价，学生们就会更可能具备成长心态。

4.深思熟虑的语言效力

效力是相信一个人有能力完成一个任务。当你问一个成年人，教师是否曾经对你的生活产生影响时，成年人通常会用一个故事作为回应。考虑一下，下面这个关于凯利校园经历的故事。

凯利认为自己是个中等生。她最好的朋友一直是一个优等生。凯利认为，这个朋友只是天生聪颖。直到上了初中，六年级语言艺术课的教师看到了她从没发现的特点。

当凯利在班上进行个人展示时，教师注意到凯利煞费苦心，内容丰富，娱乐性强。他和学生们分享说，自己注意到了凯利使用艺术手法的想象力，他想知道下一次凯利会呈现出怎样的创造性想法。这个简单的评价让凯利重新看待自己，让她看到自己有能力。当他注意到凯利和同伴分享自己的想法，来准备个人展示，他分享了自己怎样注意到凯利的领导能力。当凯利的课堂测验做得不尽如人意时，他说这不像她，他也知道她下次测验会做得更好。教师的评价开始改变凯利的内心对话。她的新想法更偏向这样“我认为自己有创造力，我认为自己是领导，我认为自己有能力”。当一名学生相信自己有能力时，就会产生一种强大的效能感。

学生的自我对话和内心对话有直接的关系。自我对话关注人们对自己说的内心讯息，这些讯息和个人能力有关。凯利对积极信息的自我对话，开始成为她对自我能力的实况报道。自我对话对于学生的表现和自信具有积极影响，成年人可以直接影响积极自我对话发生的概率。几项研究表明，教师的积极陈述会让积极自我对话的学生人数增加。

当学生们产生积极的内心对话，他们的效力也会增加。承认内心对话和效力直接的相互影响，会产生更深远的影响。效力，更像是成长心态，让学生们感觉好像自己可以完成艰难的任务，这些任务是挑战，而不是威胁。“自我效力的信念导致了遇到难题时的恒心，减轻害怕和失败，提高以问题为中心的分析思考，提高期望值”。心理学家以及社会学习理论的组织者阿尔伯特·班杜拉表示，效力需要在师生两个方面双重发生。具有较高效力发展水平的学生，相信自己可以完成任务。具有较高效力发展水平的教师，相信自己可以真正影响学生的成就（班杜拉，1995）。因此，要建立效力，成年人需要留心使用的语言。通过积极的假设，单词选择，自我效力和反馈，教师可以支撑或组织学生的内心对话。类似地，管理人员也可以鼓励或抑制员工的内心对话。

5. 认真反馈，帮助学生反思

在形成性反馈中，时间设置、特异性和对话质量都很重要。举一个例子，这个教练，在田径运动会期间，给了跑步选手诸如“武器”的具体反馈。在实践中，教练帮助这名选手意识到当自己的手臂摆动90°，就会取得极大进展，跑得更快。因为这是一个新认识，它引起实践中的核心和集中的努力，这个简单的“武器”帮助跑步选手改变了比赛时的步幅。时间设定和特异性也帮助了这个选手。一个星期以前，教练和选手坐在一起和他们分享自己在每一圈的跑道切分。形成性反馈的一个例子就是仅仅分享数据并提问“你的跑道切分有什么趋势”？这个问题让跑步选手有所反应。跑步选手检查结果，并记录下来是从第三圈开始，慢慢不如其他人了。碰巧的是，教练在第三圈的时候大声叫喊着“武器”。这个例子解释了时间设定、特异性、对话质量、沉思作为反馈的组成部分的重要性。

形成性反馈是“一个代理人（例如教师、同伴、书记、父母、自己、经验）提供的信息，内容涉及一个人的表现或者理解”。形成性评估是进步的载体，而反馈的角色是把载体带入生活。“记住，教学设计很重要，它能使得反馈达到最大化。”教学实践包括刻意的形成性评估，反馈会导致沉思。哈蒂（Hattie）表示，刻意的反馈会双重增加学习。教师可以应用策划过程，更迅速地让学生达到自我调整的程度。在《改革评估》中，詹姆斯·波帕姆表示，教师可以使用评估，征求学生的理解证据，然后调整教学，学生们可以调整使用的策略。教师和学生都想要提高学习，积极参与到一个已知的计划好的过程中来，这个过程让学生有反应和改变。根据教育工作者的学识和行动，使用反馈不会加速学习，也不会抑制学习。

有能力的教师会给学生质量反馈，充分肯定学生并支持学生的多项任务。正是这种反馈，允许学生评价自己的学习。教育工作者在培养学生个人、社会和学术方面的自我意识中扮演着越来越重要的作用。每一种自我意识都通过有益的质量反馈得到强化。显然，我们选择使用的语言以及如何给予反馈要么支持了学生的学习，要么就会抑制学生的学习。

比如，教师让学生完成一篇作文。这个学生写了一个关于她爷爷生活的故事。教师重视学生的感受，就可以回复道：“从你对爷爷的记忆可以看出，爷爷对你很重要。可以告诉我为什么你对和爷爷一起挤牛奶这件事印象这么深刻呢？”学生讲述了事情的经过，教师回复道：“如果你把刚刚复述的内容写下来，有助于读者更加形象地体会这个重要瞬间。”建立人际关系和促进学习成绩之间的平衡，是教育工作者需要反思的一个重要领域。建立充满关怀的人际关系是提高学生参与度的反馈基石，也是引发学生学习兴趣的要求。

考虑一下，帮助学生钻研写作的个性化反思性提问会产生的影响，“你分享了你和爷爷一起收获玉米的故事，这个故事在你和爷爷的关系中扮演着怎样的重要角色？”相比之下，假如教师回复“我说过要写满一页，而你只写了两段”，同时把作文返给学生，将会怎样？第一个例子告诉我们，教师已经理解了学生努力唤起的感受，并且想要帮助她提高自己的表述。而第二个例子告诉我们，篇幅比内容还重要，教师明显缺失对于人际关系的关注。

有多种常用的反馈形式。有些对于激发学生思考有极大的价值。了解从评价性反馈到形成性反馈的转变需求，会更好地服务于教师和学生。如表4.3所示，教师可能在课堂上使用的常见表述和提问，反映了反馈的连续性。根据表述的不同类型，把评论分为几类。

前三栏都是评价性意见。判断和个人观察表述可以帮助学生一时，但不能长期帮助他们。推理表述是教师心目中学生的样子。学生当时可能感觉良好，然而，这类评价与学习目标无关，也不会对提高学习有任何帮助。正如教师对现有的教学实践有所反馈，如果大部分反馈局限于图4.4的灰色阴影部分，那么在让学生带着反省和高层次技能去取得学校、生活和工作成功的方面就有所欠缺。相反，如果大部分反馈是数据资料和探究调查，作为元认知的结果，学生正在改变内心对话，对此我们充满信心。如果只做了前三栏的内容，那么应该调整目标，把目前的实践向探究调查转变。

在数据资料和探究调查栏里，教师协助学生获得学习反馈的力量。这样，通过让学生分析或评估他们的想法，帮助学生内化数据，转化为更高层次的思考。教师的教学实践受到围绕反馈分析的意向性的影响。

为了达到强调更高层次的思考与问题解决能力的高标准和严要求，教育工作者需要重新检测教学策略，帮助学生达到严格标准。进行反馈性和探究性提问，让学生用反馈性和探究性的方式思考，会帮助学生提高学习，并与批判思维的标准要求相匹配。

表4.3　反馈连续性的分析

判断	个人观察	推理	数据资料	探究调查
非常好。 你做得很棒！ 我认为你没有把全部精力放在这个项目上。	我喜欢你的坐姿。 我喜欢你安静地说话。 我喜欢听你的故事。	你值得尊敬。 你擅长数学。 你对此的确思考深入。	你在谈论……然后你跳到…… 你在日记里完成了两篇。	你正在谈论……然后跳到…… 那件事在你的故事里吗？ 你用了什么策略来解决问题？

来源：科斯塔（Costa），戈姆斯通（Garmston），内容有改动。

6. 在反馈中重视学生的发言权

教师提出的问题是期望所有学生是否成为终身学习者的关键。一个特别有力的问题是，“你有什么问题？”这个问题传递出一种信息，即探究调查是生活固有的一部分。哈维（Harvey）和古德维斯（Goudvis）观察得出，学生可以创造浅显或深奥的问题。浅显的问题提问的是谁、什么事和在哪里，然而深奥的问题提问的是怎么做和为什么，怎么做和为什么可以帮助我们更加深入地钻研问题。用这种方式提问的教师，也可以创造理想的重视学生发言权的条件，从而提高学生参与的可能性。

另一个重视学生发言权的例子来自我们认识的一位教师。他在教室外面挂了一块木板，木板上罗列了学生们的问题清单，帮助学生探究课题、解决问题。有些学生看了问题并做了调查研究，而其他学生、工作人员和家长写下联系方式或其他反馈的想法。这个木板帮助学生汇聚信息，也挖掘了周围人的天赋。试想一下，通过技术，以集体支持的方式让学生参与这项活动会怎样。

让学生集中提问高层次的问题，也就帮助学生培养了批判性思维能力，并发出强有力的声音。彼得·约翰斯顿（2004）提出“你今天遇到什么问题了？”这强化了一个观点，即我们所有人必须每天解决难题。不断地确定问题和解决问题会让学习者持续进步。

7. 形成性评估和形成性反馈策略

教师可以在课堂中间或课堂最后加入形成性评估，测评学生的理解水平，标记学生需求，调整教学。教师也可以在课堂上有意地强调每天的形成性反馈。评估可以简单到提问问题，让学生伸出拇指表达喜好，或伸出拳头或不同的手指，伸出拳头代表理解能力为零分，伸出五个张开的手指代表理解力为满分，让学生自己指出理解了多少。对于没有理解的学生，教师会想出一种新方法来讲授这个概念。一些小学教师给每一个学生两张方形纸，一张红色，一张绿色。当听不懂时，学生把红色方形纸放在课桌上，教师就知道需要停下来或放慢速度讲课。

有的教师认为学生们需要额外支持。在课堂上，教师拿着夹纸板或iPad，在教室里走动，标记每一个学生掌握的技能，测评哪些学生需要额外帮助。另一个受欢迎的策略是，让学生下课前完成一份作业，作业内容是让学生写下或举例说明他们对于一个概念的理解。比如，五年级学生学习代数，他们下课前需要写出来，通过解释或画一幅策略图，解出方程$2x+9=6x$里x的值。

这种练习帮助学生加强理解，把学生的理解反馈给教师。这种方法也可以帮助教师和家长沟通学生学习的策略。

教师针对形成性评估数据，学着反馈，学着调整教学，学生应该学习如何获得和理解反馈，如何利用反馈提高学习，如何自我调整和自我改正以及如何重视学习者的调整过程。掌握了自我评价、反思、自我改正的过程，我们就能成为终身学习者。皮特·霍尔（Pete Hall）和艾丽莎·斯莫尔（Alisa Simeral)假定，教师效力的最高形式是细化阶段，在这个阶段，教师会不断反思。类似地，学生自我反思是成为独立学习者的第一步，也是掌握在学习过程中做出有效调整能力的先兆。

图4.2 代数随堂练习范例

学习了代数新策略的学生，可以选择通过这样的表述来分享自己的所学。

$2x + 9 = 6x \quad +1$

$xx + 9 = xxxxxx \quad +1$

$9 = xxxx \quad +1$

$-1 \qquad\qquad -1$

$8 = xxxx$

$2 = x$

一个利用反馈的简单却有力的策略就是让学生在作业上贴两张不同颜色的便利贴。一张表示取得的成绩，另一张表示有提高的空间。学生把自己的成绩写在一张便利贴上，比如重新阅读了某段课文，理解层次更上一层楼，或者成功地使用了课上学过的学习技巧。第二张便利贴用来写学生想要提高的地方，比如想把故事的一部分创作成印象深刻的文章，但正在寻找可以提高的额外支持。便利贴工具可以帮助教师快速确定学生的理解水平和应用能力，并且发现谁需要面对面讲解或重新讲授。

8. 当学生自我改正时

为了影响学生的内心对话，拥有自我改正的责任心对于学生来说至关重要。学生可以在常规课堂上做出调整。教师说出本节课的授课目标和清晰的学习期望，可以促进学生自我调整。教师可以模拟或分享精通且高级的工作范例，或者可以按照共同商定的评价标准，使用课堂时间模拟或给学生机会练习评价自己，划分等级。这种评价标准帮助学生了解自己的强项和仍需要努力的地方。

比如，把所有学科的评价标准给学生，让学生反思三年级的学习。学生意识到学习数学涉及言语表述或解决各种难题的策略，需要说出来或写下来，让思考可视化。你也必须使用数学语言来沟通，使用表格、图表或插图来分享数学推理过程。在第一季度，教师让班上所有学生给前几年收集的数学难题划分等级（当然是匿名的），并把解题技巧应用到给出的难题上。一天，一个学生在课堂上分享自己如何使用自己画的表格解释自己的推理过程，并指出自己解决问题的方法有错，是这个表格让他看到了自己的错误，他有能力反思并自我改正。当我们把具体策略、工具、鼓励和时间反馈给学生，让学生成功践行时，他们的反思处理和自我改正能力都可以得到提高。

有些学校活动轻易地就让学生自我改正，比如体育运动与包括乐队和戏剧在内的表演艺术。然而，反思和实践也让人发现教室里的机会。在教室里，表演、产品和项目是学习极为重要的内容。比如，在几何课上，学生利用勾股定理（$A^2 + B^2 = C^2$），正在画出一个假想的大楼。在这个项目里，学生必须要了解目标（画出一座大楼），要理解公式，还要训练自己提出重要的问题：

- 为什么大楼是方形的？如果不是怎样调整？
- 如果$A^2 + B^2$不等于C^2，我必须做什么来重新解题，得出正确答案？

学生会检查自己的乘法，进行自我改正。

- 我这部分运算需要作出什么调整，才会正确画出方形的地基呢？

当自我改正成为教室里司空见惯的事，教师在监测学生理解能力方面也驾轻就熟时，学习就上升到了一个更高的层次。

教师可以针对一个重要问题和学生进行简短的面对面交流，有助于逐渐减轻学生的依赖心，让学生开始独立学习。当学生养成了反思和自我改正的习惯时，他们就会有意识地规划学习并检查自己的进步。

能够自我改正的学生认为，学生都可以做到自我反思，可以把精力聚焦到学习上。相信自己有能力全身心投入学习是一个自我实现的预言。

听到耳朵里，表现在行动上，才可以塑造自己。语言和接收到的不言而喻的信息，表明我们愿意为学习冒险的自我概念和意愿。教育工作者的言行有帮助学生的力量，让学生全身心地投入学习，成就最好的自己。

采取行动

当教室成为学生们自由提问、相互帮助的场所时，就建成了一个为学习冒险的地方，它自然产生，又值得庆贺。

- 考虑一下，为了把意识带入课堂和家庭中使用的语言，你将要采取什么行动？
- 从个人反思开始。一些教师在教室里给自己录像，分析语言的选择。
- 你询问并使用学生反馈的频率有多高？

9. 内心对话对情绪、行为和认知参与的影响

情绪参与、行为参与和认知参与是内心对话的结果。教师、职员和学生使用的语言以及学生现有的内心对话，成为影响情绪参与的学生的特征。聚焦于学生努力，而不是学生能力的反馈，一定对情绪参与有影响。

教育工作者必须留心建立一种学生相互尊重的环境，从而建立一种真正的支持共同体。

反馈中使用的语言也可以有助于或有害于学生的行为参与。认真的反馈可以培养各个利益相关人相互支持和成长的环境，营造为他人成功感到高兴的环境。

积极的内心对话对创造认知参与的环境至关重要。内心对话包括创造一种安全的环境，在这里，学生们可以讨论、提问、辩论、批判，不断成长。积极的对话也可以创造学生的元认知，允许学生思考，给额外的积极的自我对话创造空间。

10. 内心对话的性格

一旦学生对成长心态有了自己的理解，他们就会对反馈持有更加开放的态度，自我效能也更高。以格洛丽亚为例，教师教给她成长心态和思维定式，她利用努力评价标准，花时间反思自己。而这个努力评价标准是心态学的一部分，由卡罗尔·德维克创建。格洛丽亚谈论自己成长心态和思维定式所在的生活领域。她意识到，她迎接挑战，接受反馈，坚持音乐和运动，但不喜欢写作和数学。正是在这时，教师能够分享自我对话策略，培养她的心态。

学习了几个星期后，格洛丽亚开始感觉到反馈有益处，而不像之前自己想象的那样是在审判自己。她开始相信，如果自己付出必要的努力，就可以更上一层楼。此时此刻，教师看得到她和其他同学愿意学习一系列内心对话的性格。

基于反馈的性格是沉思、开放、合作和元认知，让学生深刻反思自己对学习的理解，并学会理解并尊重他人的观点。

乐观、机敏、批判思维和信任都受到自我效能的庇护，自我效能开辟了学生投入学习、实现自我目标的林荫大道。学生利用这些性格，培养内心声音，展示学习策略，完成任务，自我归咎，实现目标。

表4.5可以用于学生，让学生在包含反馈和效力的自我对话连续性中反思当前状态。

表4.4 教师眼中的内在性格

	具有内心对话的学生内化了自己达到最大潜能的优势。学生使用自我对话来指导关于自己的积极信息的思考。		
支持反馈的核心部分的技能和性格 “我深入思考了新观点”	**技能/性格**	**定义为**	**这样的教师会支持**
	沉思 “我深入思考”	一种深入的反思的想法。	给学生关注一个想法的时间。给一个学生时间，写日记、记录下来或草草写下深入聆听的他人分享的内容，没有说话或者仅仅关于他人正在谈论的话题来提问。 给学生时间来探索艺术、音乐和舞蹈，或给学生自愿发言的机会。
	开放 “我考虑新点子”	一种聆听并考虑新点子的意愿。	区别对待他人和自己不同的观点，有礼貌地模仿。 使用书籍，书中的角色需要聆听和看到一种新的观点，比如小鸭子、小兔子、盲人摸象、白与黑和棉被。(www.bestchildren’sbooks.org). 一组研究人员发现，使用能让孩子辨认出主要人物的书籍，有助于学生对团队或真实生活中的问题产生更少的谴责。
	合作 “我认为，三个臭皮匠赛过诸葛亮”	和他人一起工作、思考、产生联系，从而获得分享的目标。	帮助学生设定规范。 使用草稿来帮助学生练习听力的艺术并解释听到内容的意思。 教会学生如何提问。
	元认知 “我思考着自己的考虑”	监控并重新指挥大脑活动，规划处理所需信息的策略，在解决问题过程中注意自己的步伐和策略，反思和评估自己思考的产出量的心理能力。	在课堂上留出时间，让学生对进步、过程和想法进行反思。 使用短语“我以前认为……我现在认为……或者我的想法是如何改变的？”

表 4.4 续

	技能/性格	定义为	这样的教师会支持
支持自我效能的核心部分的技能和性格 “我积极地考虑自己取得成功的能力”	乐观 “我认为事情可以解决”	通过产生积极结果的希望和信条来看待生活的能力。	通过让学生练习积极的自我对话来改变心态。如果一个学生看起来在某种情况下发言没有力量，那么就问他“你可以做怎样的努力来改变这种情况？”
	机敏 “我驻足思考”	培养一种新的思考和做事方式的能力。	要求学生分享自己如何解决问题，强调解决问题的办法不止一种。库茨塔尔（Koutstaal）指出，建立机敏的心理，意味着给学生注意环境和酝酿想法的时间。
	批判思维 “我考虑逻辑合理的点子和结论”	参与反思的、合理的和守纪律的思考，来转化、分析、推理和评估当前的想法的能力。	给学生头脑风暴、解决问题、测试计划和做出选择预留出足够的时间和空间。威林厄姆（Willingham）警告我们，为了让学生批判地思考，他们必须提供充分的背景知识。
	自信 “我认为，如果我把心思放在这里，那么我就会成功”	对自己做好或做成某事的能力的信念。	鼓励重复的努力，来尝试任务。 教会应对的行为。 适度地承担挑战。

11. 内心对话如何防止厌学

大多数教育工作者从事教育专业，相信自己可以影响学生的生活。他们建立人际关系，精确说出学生的优势。他们对自己扮演的角色这样理解：满足学生天生的好奇心，激发终身学习。

图4.3　内心对话——“我认为”

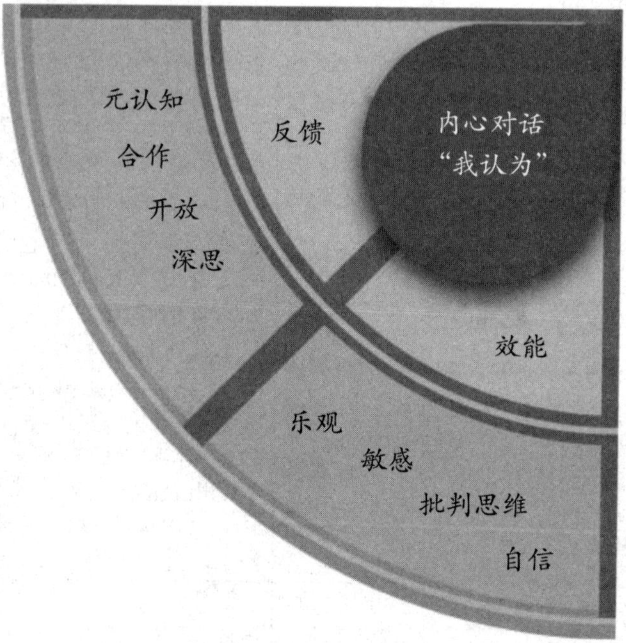

表4.5　防止厌学的反馈和效力的内在条件

	反馈			
	无视	服从	参与	充满热情
深思	我认为自己不擅长独到的思维。	当有人问我，我会思考可能的机会。	我思考可能的机会和策略的结果。	我思考给予我的有质量的反馈，我很关切自己为了提高而给自己和他人的反馈。带着深思、开放的心、合作精神和元认知的思考时间，我向学习靠近。
开放	我认为我的观点非常好，不重视他人的观点。	如果成年人问我，我会考虑可能的新点子。	我会考虑新点子的可能性。	
合作	我认为和他人共事不会收获太多。	我认为独自工作更适合我，但是如果有人要求，我也会和他人一起工作。	我认为和他人共事，可以把工作做得更好。	
元认知	我认为，学习孤立的概念时学得最好，更喜欢死记硬背。	我认为自己完成的工作不错，一旦提交，我就再也不用考虑这个任务了。	我反思自己用来解决问题的想法和策略。	

表 4.5 续

	效能			
	无视	服从	参与	充满热情
乐观	我认为事情进展不顺利。看到积极结果很难。	我想到了消极想法，但是会说出我认为让教师高兴的事。	我用积极的方式思考，有半杯水，也看到盛满的半杯。	我对学习和自己都用积极信息进行思考。通过积极的自我对话，我承担了艰难的任务，把它作为新的挑战。我带着乐观、机敏、批判思维和自信，向学习靠近。
机敏	我认为我的点子中规中矩。	我认为按照要求才会做到最好，按照教师的要求做事。	我考虑培养新的思考和做事方式。	
批判思维	事实和记忆让思考达到最佳。	我认为学习还不错；然而，如果有人问，我会尝试使用分析、推理和评估的策略。	我认为通过使用转换、分析、推理和评估的策略，可以增加理解力。	
自信	我认为自己没有他人的能力。我用策略来遮盖自己缺失的信心。	我认我可以把必要的事情做好。	我认为自己能够成功。	

教师花时间和学生待在一起，他们互动多次，策略尝试了无数次，说过的话不计其数。结合起来，这些行动影响了学生的内心对话，所有这些对于防止厌学都十分必要。

最高效的教师相信，这些互动、策略、语言和时间的终极影响，会有益于学生调整学习观，参与到探究调查中来，坚持不懈，转而培养出成长心态。尽管早期调整更多地在教师身上发生，但后期教师和学生都会调整。随着时间的推移，互动、策略和语言的共同作用，让学生调整自己的学习策略和学习过程。学生需要时间来培养更加积极的自我形象以及勇于冒险的能力。

随着教育工作者将语言的力量赋予学生，我们就开启了一段重要的旅程，不仅改变了学生的心态，而且也改变了生活的道路。孩子们形成了自己的个性特征，领会到了与他人合作的内涵，通过语言发现同事的才能。语言不仅改变教室环境，也重塑学生，最终会改变世界。

第五章　自我决定

遍布全美国的教室都在进行一场“天才一小时”的活动。“天才一小时”受到谷歌的“20%时间”的启发，并且流行开来。员工可以每周用一天时间来开展一项活动，想出一个有益于公司的点子。在学校，“天才一小时”给学生们每周一段时间探索自己热爱的话题，影响学校、社区和社会。研究、采访、制订计划的过程中，学生运用自己创造力的同时，重燃对学习的兴趣。同时，教师与学生联系，了解学生感兴趣的话题有哪些。

“天才一小时”活动的关键是学生能够自我决定采取的方式和使用的过程，引发新的学习。作为特色，当你询问一个“好学生”今天做什么时，他们会长篇大论，说出其他人告诉他们怎么做：“我会倾听，按照要求，把布置的作业做完。”由于学生可以自我回答“我将要”的问题，“天才一小时”活动很奏效。

自我就是“教师和学生对自己效能的一套信念”。自我允许人们在尝试新体验的同时调节过程，但新体验基于可以调动个人积极性的事情，同时考虑自我，转而考虑自我决定。为了防止厌学，必须考虑学生拥有的机会，绘出他们自己的学习计划图。

1. 自我决定理论

自我决定理论支持一种说法，那就是，当所做出的决定是以自己的偏好为中心并满足自己的心理和本质需求时，人的工作效率最高。当学生能够订立自己的目标，自我管理学习时，他们自然会感受到更多的所有权，并且更深入地投入学习。自我决定的中心阶段是对自治的需求。自治是学习者拥有的决定自己行为的自由。如果学生投入一个班级活动，察觉到机会，内心受到激发，感受到了自治感，那么他们就会对学习产生更深刻的所有权。想想你自己受到激发、建立起自治时的校园经历或工作经历。

图5.1　自我决定——“我将要”

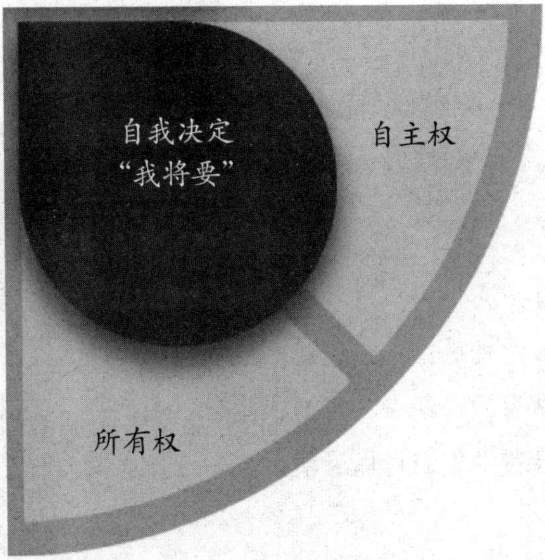

表5.1　所有权和自治的定义

术语	定　义
所有权	允许学习者让学习充满意义
自主权	驱使学习者行动的自由

唐（Don）的大儿子就是自我决定理论的典型例子，他那时5岁，在蒙台梭利学校上学。他对各大洲和各个国家很感兴趣，决定掌握好几百个国家在地图上的位置。没人让他学习这些国家的名字和地理位置，是他自己

想要学习，个人入迷，使他能长期参与。

关于自治支持的研究表明，课堂上，学生和更加支持自治而不是控制的教师在一起的参与度更高，学术成就更高，更可能持之以恒。留在学校里更有创造力，整体上更具有幸福感。支持自治的教师赋予学生在任何可能的时候做选择的机会。

一名教师可以支持自治，带着兴趣倾听学生的感受。与充满控制欲的教师相比，支持自治的教师更可能提高学生的成绩，也能展示更强的内在动机、拥有自我挑战的愿望以及更强的参与度和积极的学术态度。

根据里夫（Reeve）的观点，支持自治的教师使用四种核心行为：会注意学生的兴趣和偏好；使用信息性的非控制语言；会和学生沟通为什么参与这些活动；承认并接受学生的感受，并用学生的反馈改变教学。四种行为将在下面一一展开叙述。

（1）当教师本着学生的兴趣和爱好进行课程设计时，他们会承认所有的学习都是个人行为。这些行为的例证包括教师让学生针对有可能达到标准的具体方式进行头脑风暴，或者包括让概念生动鲜活的点子，这些点子都是学生的兴趣点。很多课堂给学生们提供了满足个人兴趣和偏好的选择。只要学生们目标清晰，认为选择重要而有趣，学习就会顺利地进行。

（2）信息性的非控制语言允许教师在提问后，给予学生具体及时的反馈，这样教师可以做出有信息量的决定。第四章讨论了不同层次的反馈。通过自己理解自我决定、所有权和自治，很明显，聚焦于数据资料和探究调查的反馈会鼓励学生解决问题，基于自己的决定，而非教师的指令，做出修正。也许因此，数据资料和探究调查的反馈能够帮助学生在认知领域做出改变。此外，积极的信息性反馈可以对学生的自我对话产生重要影响。伯奈特（Burnett）发现，对学生的能力和努力给予积极评价的教师，就直接等同于在学习上具有积极自我对话和自我概念的学生。

（3）和学生沟通为什么参与一项活动，是支持自治的教师的基本概念，帮助学生增加了活动的价值。一个活动没有失败，就没有学生感兴趣，不论是在艺术活动中尴尬地穿着一件超大艺术衬衫来保护自己衣服的小学生，还是看不出基于文档的问题之间有何关联性的高中生。教师向小孩子解释穿艺术衬衫的原因是，颜料最终会弄脏自己的衣服，小孩子就明白自己为什么要穿绘画工作服了。当教师解释说基于文档的问题可以帮助学生在分析一系列文档时建立信心，在思维性格上提供帮助，在历史问题上写出自己的回答，学生就会意识到这会帮助自己进一步读懂文章，并在更深层次上学习。因此，学生对于某一个特定的话题产生动机，想要学习，也不会对活动感到更加束缚，更加支持自治的教师有助于向学生解释他们为什么参与一项活动。

（4）支持自治的教师使用的最后一种行为是有效教学的核心：承认学生对于话题的感受，并给予学生反馈，进而据此改变教学方式方法。当一位记者就学习过程采访学生时，一名四年级学生分享了自己对于教师的欣赏，“他会问我们他教得如何，跟我们分享他想让我们理解或是思考的东西，并且问我们是否愿意改变教学的任何一点。是的，他给我们选择。”类似地，一名高中生分享了教师怎样询问学生投入，调整课堂节奏。他说道：“在其他班级，有部分甚至全班学生都不明白课堂内容，而教师却继续向下讲授更多内容，这是多么糟糕。”站在学生的角度，学生们来学校是来学习的。当教师忽视了学生的感受和反馈，学生就会感觉教师没有把他们当成学生那样尊重。

如果教师有意识地支持自我决定，那么课堂活动就和学生需求及学生兴趣保持一致，反过来，这些活动也会有益于参与相关活动的学生，这些学生会成为有积极性且参与课堂的学生。教师要了解的重要一点就是，更加支持自治的教师不是鼓励结构缺失和杂乱无章的气氛，这就不是支持自治了。支持自治的教师坚持高质量学习的严格预期，却给学生画出路线图的权利，让他们到达目的地。正如约翰·哈蒂所说，“这是学生眼中的你的日程安排”。总之，太小的结构和放任的教室，不会让学生充分参与。

太大的结构，会让学生感到窒息。作为一个快速指南，表5.2分享了支持自治和控制欲强的教师之间的不同。你可以使用这个表来评估自己是否更加支持自治还是喜欢控制。它也是你作为更加支持自治的教师扩大动机类型的参考。

2. 支持自治的教师和控制欲强的教师之间的不同

表5.2 支持自治的教师和控制欲强的教师之间的不同

支持自治的教师这样做	控制欲强的教师这样做
倾听学生分享的东西。	让学生听你说。
给学生创造分享观点和讨论的机会。	给学生创造探寻正确答案的机会。
教师通过确定学生的理解水平，开始新的单元，给学生设立目标，帮助他们达到目标。学生可以控制自己的学习。	教师给全班学生订立目标。
营造氛围，让学生能够两人或多人一组完成任务，使用有助于概念理解的资料（比如，数学演算）。	营造氛围，让学生能够被动地看着教师或听教师讲。
对学生的提问和评价有所反馈和调整。	反击学生的评论，说诸如“再恭敬一些”或“改改你的态度”这样的话。
说一些鼓励学生努力和坚持的话。	用控制性的语言来管理学生。
给出清晰的结构，学生可以选择，也可以发言（鼓励）。	给出清晰的结构和指令（压力和强制）。

3. 自我决定对情绪、行为、认知参与的影响

作为一种内在动机，自我决定直接与三种参与类型相联系：由于教师支持一种自治支持性环境，明白学生们的兴趣是什么，那么教师就有能力影响学生的情绪参与。学生感到教师很了解他们，能够让他们自己修改作业或者关联课程，这样的学生会对教室环境产生积极的感受。此

外，自我决定让学生有发言权，重视学生想法和反馈的教师能建立支持性的课堂精神。

感受到教师支持学生自治的学生，更有可能表现出行为参与的迹象。因为自我决定使得以教师为中心的教学方法转移到以学生为中心的教学方法。伦祖利（Renzulli）说过，当以学生为中心推进教学时，教学“聚焦于对真实问题的追求，应该看作一种媒介，通过这种媒介，从基本技能到高级内容和过程的所有一切，都以学生研发产品和服务的形式一起出现”。自我决定允许学生拥有更多的自主权，投入到学习如何满足自我兴趣、表现和需求中来。除此之外，教师对学生的说话方式，特别是通过数据和分析反馈，会形成学生的行为参与。当使用短语和问题来帮助学生反馈时，教师也在给予学生一种思考和解决问题的胜任感。听了教师的话，学生感受到了尊重，感受到自己拥有一些控制学习的能力。此外，当教师对学生的学习产生很高的期望时，学生就会接受挑战，并努力达到教师的预期。

由于自主学习者在课堂上感受到更多的适应性和创造力，自我决定对认知参与产生直接影响，也具备增强的成就水平。通过挑战学生或激发学生的兴趣来支持学生完成任务，教师很可能会激发学生的内在动机，因此，学生在认知层面上进行了参与。

4. 自我决定的性格

学生在课堂上需要所有权和自主感。要获得这些，就需要学生协助建立简易进入教室的材料，在学习过程中给予反馈，把反馈用于计划接下来的学习。除此之外，教师了解了学生的兴趣，看到了收益，那么就可以让学习过程与学习内容和学生的生活相关联，允许在合作和完成作业过程中进行选择。这些课堂实践给学生提供了根据自我决定进行性格锻炼的方法。

5. 教师眼中的自我决定

有学习所有权的学生生来就会学习并培养自己的求知欲，在情绪上投资、内化并且转化。当学生们拥有了课堂自主性，环境就成为学生们学习和练习自我指导、自我控制、自我监控、自我起动能力的关键因素，这一切都帮助学生们完善性格，提升能力，成为独立的学习者，正如后面表5.3所示的那样。

6. 自我决定怎样防止厌学

本章开头讨论了“天才一小时”的理念。“天才一小时”是课程创新的一个例子，它尊重自我决定，让学生聚焦自己充满热情的内容并作出决定。当有人对一个观点充满热情时，他就有内在动机去探寻和学习，并参与到这个主题中来。动机不是人们强行做出来的，而是一种内在的自发的兴趣和热情。人们需要问的一个问题是：“人们如何创造让他人自我激励的条件呢？”学生们在项目中的所有权让他们投入到最终产品中，并相应地设立目标。在意义更加深远的层面追求和参与的过程中，学生拥有行动和寻找快乐的自治权。随着学生们努力想出新点子，他们也重新点燃了自己对学习的热情。更加充分地了解了学生在遇到挑战时的驱动力和支持力，教师就可以加深和学生之间的联系，理解真正激励和支持他们的是什么。谷歌的共同创始人拉里·佩奇（Larry Page），认为“我作为一个领导的工作，就是确保公司每一个人都拥有良好的机会，确保每一个人都认为自己可以产生有意义的影响，致力于社会利益”。这与我们想让学生经历的事情异曲同工。通过文化、心态、内心对话和自我决定这四个方面，我们可以继续让学生参与课堂，防止厌学。表5.4可以用于学生，从而通过自我决定、所有权和自治权来影响自己的当前状态。

表5.3　教师眼中的自我决定

<table>
<tr><td rowspan="6">支持所有权核心部分的技能和性格
“我将要”</td><td colspan="3">具有自我决定的学生创造自己的目标，自我指导自己的学习。他们感受到更多所有权并在学习中投入更多。</td></tr>
<tr><td>**技能/性格**</td><td>**定义为**</td><td>**这样的教师会支持**</td></tr>
<tr><td>求知欲
“我想知道就会问”</td><td>为了学到更多而提问的渴望。</td><td>模拟提问，比如“我想知道为什么”或者“如果……会怎样”。给学生寻找答案的时间。在低年级，进行角色表演来帮助学生找到答案。</td></tr>
<tr><td>投入情绪
“我将要建立人际关系并表达感受”</td><td>对某事或某人的投入过程。</td><td>接受学生的现状。学生感到有人在投入他们，他们很可能会感觉自己也可以投入某人或某事。简单的引导就是向学生展示同情和承诺，并不断地和学生沟通这些。</td></tr>
<tr><td>内化
“我在校外也会学习”</td><td>整合新信息、价值观、信条和观点，把这些嵌入某人现有的信条、态度和价值观的过程。</td><td>期待并分享高期望值。如果学生不分享高层次的价值或信条，教师需要重新分享这些价值或信条，并且提问学生，让他们理解自己当前的信条。个人谈话也可以帮助学生们理解和决定更喜欢的价值和信条。</td></tr>
<tr><td>转化
“我会把这些技能应用在新的情况中”</td><td>从一种环境看到逻辑性，应用于另一种环境的能力。</td><td>给学生时间来探索观点，比较并对比和之前观点相关的点子。学习者必须能够概念化一个概念，来对抗记忆或学习步骤。盖奇（Gage）和伯利纳（Berliner）分享了下面的问题来促进转化：
·我以前是如何解决和这个问题相似的问题的？
·有没有想起之前学过的什么？</td></tr>
</table>

表 5.3 续

	技能/性格	定义为	这样的教师会支持
	自我指导 “我会设定一系列行动，并遵从它”	采取主动权和责任来选择、管理和评估自己的学习的能力。	给学生设定目标的时间。 在学习过程中做一个促进者。 教会学生如何提问、自我评估和取得工作的进展。
	自我控制 “我会选择完成目标的行为”	在身心方面具备自律的能力。	提供一种有组织的教室环境，提供一致稳定。 模拟常规情绪。学生需要在情绪上支持与“批评，无视个人需求以及口头控制”相反的“对学生需求的情感和敏感以及鼓励”。
	自我监控 “我会考虑自己去哪儿，自己在哪儿，接下来会发生什么”	学生自我评估，记录学习过程的进度，按照标准自我评估。	确保学生使用诸如检查清单、量表、评估准则、矩阵的工具，来自我监控自己的进展。
	自我起动 “我会配置时间和精力，来取得目标”	有动机开始一项自己的计划。	按照惯例，学生一走进教室，就让他们发起一项活动或塔伦。这与坐下等待教师给出方向不同。而且，让学生针对如何完成任务，做一个计划。

图5.2　自我决定——“我将要”

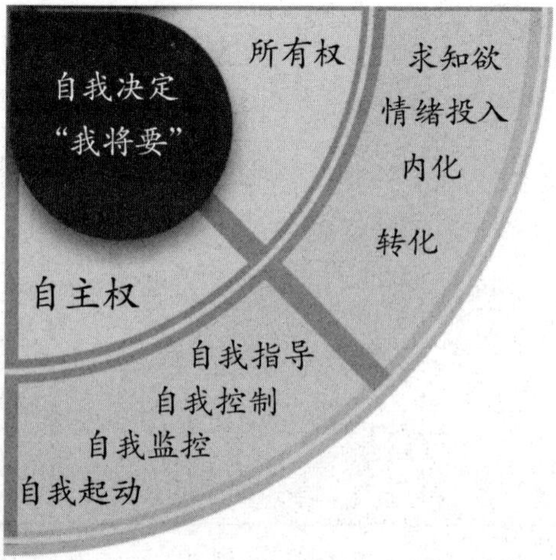

表5.4　防止厌学的所有权和自治权的内在条件

	所有权			
	无视	服从	参与	充满热情
求知欲	我会聆听并学习他人已经确定很重要的信息。	如果教师提问，我会想出问题。	我会为了学到更多而提问。	通过允许自己掌握学习的所有权来让学习变得更有意义。我带着求知的心，在情绪上投入任务，内化学习，将新信息转化到其他领域，来向学习结果靠近。
情绪投入	我会保护自己，不向某人或某事敞开心扉。	如果有人让我这么做，那么我会聚焦于一个任务或人。	通过把时间和精力投入到某事或某人，来打开自己。	
内化	我做大多数事情都是蜻蜓点水，只做到表面功夫。	如果有人问我，我会反思对一个介绍给我的新想法的看法。	我会寻找新点子和信条，反思它们在我的信条里如何产生作用。	
转化	我会看到眼前的事物，而不会看其他。	如果有人问我，我会考虑一件事如何应用于一个新情况。	我会把学习应用于新的情况中。	
	自主权			
	无视	服从	参与	充满热情
自我指导	如果必须被提醒或刺激去做某事，我感觉良好。	我会遵循教师设定的惯例。	我会自己发起一项活动。	我会推动自己的行动，因为我有自主权。通过能够自我指导学习，自我控制身心，自我监控情况，还有自我起动学习，我向学习靠近。
自我控制	我会尝试控制我的身心；然而，我很轻易离开任务，挣扎着重组。	我会遵守教师设定的规则和惯例，从而看起来我控制了自己的身心。	我会控制自己的身心。	
自我监控	我会尝试反思，但是我没有自我反思的习惯。	如果有人问我，我会自我评估自己的进展情况。	我会评估自己在学习中做得如何，反思一段时间的进步。	
自我起动	我会说我要开始某件事，然后我开始耽搁，常常让问题发展为危机。	我会认真做布置给我的事。	我受到激发，产生了自己开始一项计划的积极性。	

第六章　教室文化

1. 设定参与基调

某地一家初中举办了一场机器人竞赛。家长们穿梭于比赛现场，观看不同队伍的不同赛事。其中有一位家长花更多的时间观察了比赛教室的墙壁。他尽可能抛开办公室的工作，但自己作为人类学家的训练要求他对周围环境作出阐述。正如他已经多次告诫女儿的那样，环境中的一丝一毫都向人们展示着控制这种环境的人的价值观和信仰。他环顾第一个教室，仅仅因为讲台上有三本数学教师用书，就知道这是数学教室。教室四周贴着著名网球运动员的海报，包括一张网球飞过一个受挫球员的球拍的海报，海报上写着“这就是球反弹的方式”。

钟表旁边是一张大海报，写着“游戏规则”：

> 上课铃响前，坐好，拿出课本，一切就绪。
>
> 保持安静，他人正在工作。
>
> 有问题，请举手。
>
> 不要打扰他人；聆听第一遍，自己弄明白。
>
> 在作业顶端写上合适的标题：姓名，日期，页码。
>
> 如果你两次不遵守这些规则，官员（也就是教师）会罚你“双发失误”。
>
> 官员永远都是正确的。

这张海报下面是另一张，上面写着：“如果你认为我只让你猜奇数很奇怪，你也可以猜偶数。”这位家长想：“这位教师真的很喜欢网球，如果我小时候是他的学生，一定会得到很多双发失误。”

这位家长走进第二间数学教室。在这间教室的墙上，都是带数学概念的锚形图、学生作业示例以及学生对自己进步的反馈评价。教室前面是提示纸片，纸片上都是黑色永久马克笔的字迹：

当我……时，我的数学会学得更好。想不明白就提问。看看网上对样本问题的解答方法！克服我的缺点。

这些话都是学生们写的。在一张大海报上的白板上，教师写了遮掩的话：“这很重要！努力就能做到一切！我永远不会放弃你们！”下面是教师的签名和一张笑脸。第二张海报在钟表旁边，上面写着“我们如何支持自己的学习”，这句话四周都是学生的留言：

1.准备学得更多，学得更好。

2.聆听他人；教室里学问很大。

3.要有提问的勇气，问题让人更加聪明。

4.用积极的言行彼此支持。

5.阅读并遵循作业要求。

6.利用“数学更棒”策略。如果自己的策略不适用，可以用他人的。

7.这么做的原因是，为了盖新房，设计更好的电机，在金融领域赚钱，在更小的地里种出更多食物，设计新的视频游戏，创作了不起的歌曲，买新手机，买一辆新野马车，计划攀登珠穆朗玛峰之行，或者是治疗癌症，都需要数学。

这位家长自认为，“我怎样让孩子们来这间教室，我也能来吗？”

这位人类学家没有花太多时间观察两个教室的显著不同。这两个教室在同一栋楼里。两个教室服务于同一个学校董事会，接受相同的政策，遵从相同的政策，具备相同的教学标准。然而，教师对于课堂教学目的和对每个学生的期望值却相去甚远。不同的前提和目的导致了两种明显不同的教室文化。

2. 文化的定义

文化是周围事情进行的方式。就像一条不了解水的鱼，我们也是不了解文化的典型，直到我们来到一个与自己生活完全不同的环境，我们才能了解到什么是文化。我们曾有机会参观世界各地的学校。在整个亚洲，存在清晰的尊重领导阶层的文化规范。每个教师身穿一件带有学校颜色的polo衫，在polo衫外面再穿一件白色实验服。对于外人，这些都是可以注意到的小细节，因为这和我们习以为常的大多数美国学校差别太大。

正如作为人类学家的父亲在开头的故事中注意到的一样，教室也有独特的文化。关于教室文化的假定已经根植于对学校的认知，关于校园的电视节目和电影可以利用这些期望，制造喜剧效果。一个不可思议的例子，就是电影《摇滚校园》。杰克·布莱克饰演一个懒惰的音乐家和一个不称职的代课教师，他误打误撞地来到一所精英预备学校。他想象中的课堂和学生对他的期望有很大差距，对此，他很惊讶。他做任何事的方式都和学生们通常做事的方式不同，对此，学生的评论攻击从未停止。除了与教室文化期望没有关联的幽默，不同的学校和教室的文化规范也有意味深长的不同点，这对学生的学习效果会产生惊人的影响。

图6.1　文化——“我们是”

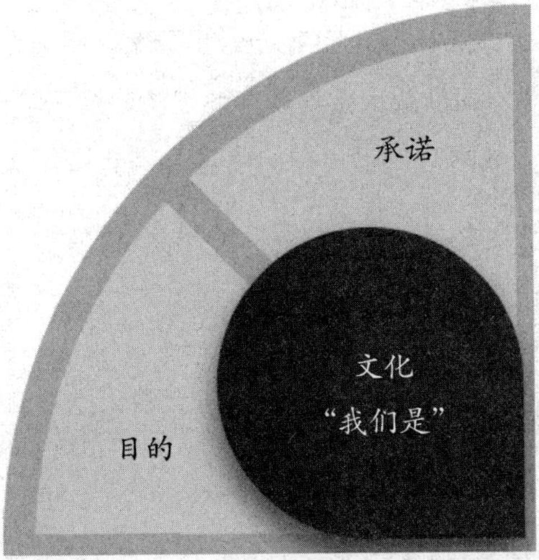

表6.1　目的和承诺的定义

术语	定　义
目的	致力于比自己重要的事情。
承诺	对工作或学习的奉献。

比如，在数学课上，人类学家认为，这两间教室参与讨论的方式就有显著不同。经过几个星期或几个月，讨论方式成为教室文化的一部分。这只是这间教室做事的方式。然而，这些常规始于一系列由教师们各自订立的假设：假设关于谁的话最重要、应该听谁的话以及成功进行讨论的适当的规则。更多时候，教室文化都是以效率和服从为基础。当一种聚焦于学生参与创造和防止厌学的文化建立起来后，我们认为，教室文化应该受到两个因素的驱动，一是共同目标的建立，二是对学习的承诺。这样的认识要求教师在一些重要但不常讨论的事情上一分为二地看，成为很多教室文化假设的基础。一分为二对于满足学生的认知、情绪和行为参与的需求影响深远，还可以提高或降低每个学生的学习热情。

在21世纪，通过了解每个学生，帮助学生协作完成任务，创建一个支持学生的学习环境，教师需要严谨地适应他们提供的价值。如果教书育人仅仅是上课、布置作业、修正作业、给出分数，这样的教师就是落伍之辈。网络上有很多更加高效地做这些事的工具。然而，在一个满是热情高涨学生的教室里，教师对自己讲授的内容充满热情， 也对孩子们充满热情。教师确定每个学生的天赋和优势，庆祝学生的成绩，鼓励他们承担风险、迎接挑战，为孩子们的学习提高而欢呼。此外，教师也注意到了学生们在课堂上展现出来的能力。每个学生都支持其他学生思考、成长、取得成绩的热情和承诺。在鼓励学生充满热情的文化里，有相互的承诺。在鼓励学生充满热情的文化里，有共同目标的观念。我们来这里为的是学习，为的是提高，为的是相互支持。

创建一个有益于培养和支持学生充满热情的教室文化，需要共同目标和共同的学习承诺。支持共同目标的教师努力创造一种文化，在这种文化里，学生致力于比自己更重要的事情。支持学习承诺的教师，努力创造一种文化，在这种文化里，学生致力于自己参与的任务，并重视学习。为了这些，教师必须做出有益的选择，确定哪些会在教室文化中得到重视，哪些不需要太重视。一些价值观有意识地要求从不合时宜的部分中转变，不合时宜的部分在过去的教室里受到重视，但是在今天可能会适得其反：

• 一种支持有认知参与的学生充满热情的文化，适应了学习环境和表现环境的不同，也适应了回答文化和提问文化的不同。

• 一种支持有情绪参与的学生充满热情的文化，适应了评判文化和理解文化的不同，也适应了个人文化和集体文化的不同。

• 一种支持有行为参与的学生充满热情的文化，适应了服从文化和真实文化的不同，也适应了低期望值文化和高期望值文化的不同。

每一种一分为二的说法都会在后面探究，进一步弄清楚学校与教室文化如何在教师和学生中间彰显共同目标和共同承诺，创造让学习充满热情的条件。

3. 支持认知参与的目的和承诺文化

支持学生充满热情的学校和教室文化，重视高层次的认知参与。在这些教室里，学生努力克服挑战和真正的难题，找到更优观点的价值。一个具备认知参与的学生不仅仅完成家庭作业，还对学习的观点和概念产生兴趣，甚至着迷于此。我们认为，支持高层次认知参与的文化致力于在每一间教室里创造一种学习环境，而不是无视环境。此外，教师也会让学生看到一种重视提问的文化，而不是仅仅重视正确答案的文化，最能够支持学习的参与度。

（1）认知参与是学习文化还是表现文化

学校的目标是学习或者证明你很聪明吗？全国范围内成千上万的教育工作者回答了这个问题。一次又一次，我们得到的都是模板似的回答。通常，大多数教师摇摇头，不同意学生说学习是为了证明自己很聪明。一般来说，小学教师更可能说和学习有关，但是我们听过很多一年级的教师谈论，他们的学生认为自己愚笨，或者害怕犯错，这些回答令人不安。解决这个问题要求我们创造一种学习文化和表现文化之间的不同。

表现文化只看重已知的或已经完成的。在这样的环境中，没有什么是形成中的，所有事情都是总结性的，“我不知道”绝对是无法让人接受的。每一件事都是确定的，而且对你不利，这种文化就是假设你应该已经知道。建立一种总是强调表现的文化会带来风险，那就是“不知道”被视为不利因素，因此，“不知道”就犹如瘟疫，人人避之不及。长此以往，不知不觉中，我们已经建立了一种教室文化，没有掌握所学课程的学生受到他人的疏远。比如，在介绍一个单元时，教师可能会向学生们提出一系列问题，问题的答案只有几个学生知道。教师提问，这几个学生回答。他们得到了表扬。教师就认为其他学生也知道了答案，然后跳到下一个知识点。抑或，不知道答案的学生把羞愧或怀疑的情感深埋于心，他们会想：别人怎么知道答案？我一定是不如他们聪明。

另一方面，学习文化重视新技能和理解力的培养。学习文化有一种假设，那就是学生带着重要技能和知识来到教室，但是还没有学会新的技能和知识体系，而在学习文化中，新的技能和知识需要在特定的年级和课程中得以构建。在学习环境中，你可以说“我很困惑”，“我有一个问题”，或者“我还不会做，需要一些帮助”。学习不是线性的过程，而是一条迂回于失败和成功、困惑和清楚、失望和自信之间的路。当学生们在一间重视学习文化的教室中时，他们可以坦率地承认自己目前还没有掌握一些技能和理解力，但是只要肯花时间努力，就可以变得流畅和明确。

格兰特（Grant）和德维克写了一篇文章，澄清了多种类型的成就目标的定义以及它们对学生学习的影响。这篇文章把表现目标和学习目标区分开来。追求表现目标或能力目标，是为了完成一项任务，以证明自己的能力，或不参与任务而避免表现出能力的缺失。相反地，追求学习目标或者掌握目标，是为了学习新知识，培养新技能。然而，学习目标结构已经和学生发展相互联系，表现目标结构已经和消极的学习模式相互联系。卡普兰（Kaplan）、吉恩（Gheen）和米奇利（Midgley）进行一项关于教室目标结构和学生行为的研究，他们在研究中说，“在以掌握为导向的教室里，这些练习向学生们强调，来到学校的主要目的是学习、提高以及掌握材料，而不是证明自己能力高，也不为证明自己听教师的话”。此外，德维克认为，教师对于学习环境而非表现环境的支持和导向，对于学生成功至关重要。教师可以给学生一些提示，例如，可以告诉他们，他们努力的目标是为了快速完成任务，证明自己的能力，同时提高成绩。或是参与到有挑战性的任务当中来，把错误看作获得更高级别学习的机会。

学习文化和表现文化就好比运动队的训练和比赛。训练就是学习，通过大量讨论和重复，聚焦于学习核心策略、克服弱点。如果犯了错误，就再次训练。如果遇到特别难的项目，就坚持到底。承认自己的弱点，在团队中，你可以说："我还做不到这样，但是比赛那天看我的！"当比赛到来的时候，我们就处于表现文化中。任何事情都已确定，错误对我们无益，不能重新再来。对一个一直处于表现文化中的团队来说，每一天都像是选拔赛或正式比赛，你会从自己的方式中走出来，避免触及你最需要提高的地方，因为你不想暴露任何不利因素。不幸的是，当你忽视缺点时，你再也没有机会得到提高。

本章开头的故事描述了两间截然不同的教室。第一间教室好像在强调一种表现环境，任何事情都算数，或是对我们无益。这种环境强调分数和等级，而不是学习。此外，这间教室似乎更看重答案，而不是提问。数学似乎是这样一个过程：教师提供步骤，学生跟从，教师布置难题，然后学生发现正确答案。

正如第三章讨论过的那样，很多时候，学生相信能力是天生的，固定不变，这决定了他们是否擅长阅读、数学或艺术。从这个角度来看，成果和失败都在自己所能控制的范围之外。自信心程度高的学生更可能看到成功是努力和策略的必然结果。此外，这些学生看不到失败是能力缺失的必然结果，但是失败是集中精力努力培养新策略的催化剂。重视自信心的学校文化就会有意识地教给学生耐心、恒心和策略比固有的聪慧更重要。支持认知参与，培养充满热情的学生的文化，需要在学习文化和表现文化中找到平衡点。学生需要安全的学习空间，接受冒险并从错误中汲取教训。

（2）认知参与是提问文化还是正确答案文化

对于一部小说，你是否只读了20页就不读了？这可能是你最喜欢的作者精心编写的，内容很吸引人，但你还是不读了。通常，我们不读的原因很简单，那就是我们不提问了。通常，是问题驱使我们看完一个文本：我想知道为什么……我想知道那个角色会怎样做……我想知道接下来会发生什么。但是没有了你提出的这些问题，就失去了继续阅读的必要。

教室里更有价值的是提出一个好问题，还是给出正确答案？当然，学生需要掌握一些内容。事实上，受过教育的人仅仅需要知道。在一个测试驱动的责任体系中，或者一场以琐事为基础的比赛中，知道脱离语境的信息单位的正确答案通常很有价值。但是超出关于纳税申报表的选择题和填空题，把正确答案填到空格里和批判思维相比没有什么价值，因为批判思维是当今社会每个人必须掌握的技能。在移动通信世界，信息就在你的钱包或口袋里。仅仅滔滔不绝地讲事实不再那么重要了。《谷歌使人愚蠢？》（*Is Google Making us Stupid?*）的作者J. 拉塞尔（J. Russell ）和R. 科恩（R. Cohn）以及《浅滩》（*The Shallows*）的作者尼古拉斯·卡尔（Nicholas Carr）认为，这个时代最重要的是一种能力，这种能力要求人们拥有足够深刻的理解，提出问题，打破干扰，找到最真实可靠又有用的信息。在寻找答案的过程开始之前，就应该确定提出问题的最好方式。

人们生来就会提问。如果你和一个4岁的孩子在一起，你就知道提问究竟有多大的冲击力了。一切事情都是个谜，都需要一个解释。为什么天空是蓝色的？为什么草地是绿色的？为什么汽车不会猛烈相撞？人们要融入周围的世界，需要解释。在我们年轻的时候，这些问题让我们对世界的运转方式产生了更多理解。不幸的是，在学校教育的初期，人们常常从提问的模式转换为被动接受答案的模式。通常，学生们相信，聪明意味着知道他人提出的所有问题的答案。

一般来说，教室文化要求学生被动等待，回答教师的问题。教师提问，学生举手回答，考试也是为了回答问题。如果想让学生们在认知上融入，那么需要在各个方面都提出问题。是你提出的问题让你翻开小说的下一页，是学生的问题让他们对即将学习的知识充满好奇。不是你提出问题，而是学生。提问的文化尊重他人对世界的好奇心，这些人重视未知和不可知，他们理解的热爱学习的学生，不是通过回答他人的问题来证明自己的价值，而是提出从未提过的问题，坚持找到问题的答案。

考虑一下，与问题和答案对深化理解的影响相关，这两间教室会建立起怎样不同的规范、常规和文化。

第一间教室建立起一种以教师为中心的规范体系，支持答案文化，教师是一切交流和互动的核心。很可能，学生们成排坐好，教师站在教室的前面。如果需要课堂讨论，教师会适度调节可以说话的学生以及说话的时间，并提出所有的问题。学生举手，说出自己的评论，教师可能会用“错误”或“正确”来回答，再提出下一个问题。早先在学校时，固定下来一种模式：有三四个学生总是举手回答问题，还总是能回答正确，而其他学生只能看着。或者，教师可能想用这些问题来管理学生的行为：如果你上课走神，我就提问你一个回答不上来的问题，让你在同学们面前很尴尬！

现在考虑一下，另一间支持提问文化的教室。在一节课结束的时候，教师可能会给学生们一张离开纸条。纸条上写着：

· 对于今天的课，我有一个问题：________________________。

· 基于今天学到的知识，如果________________________（毕达哥拉斯、马丁·路德·金、哈波·李、凯萨·查维斯、巴勃罗·毕加索、阿尔伯特·爱因斯坦、一位罗马士兵……）现在在这儿，你会问他或她什么问题？

第二天，这两个问题写在了板子上。学生们进教室，写下自己的答案。写完后，学生们互相分享，提出他们想知道的新问题。一会儿课上会讨论几个学生提出的问题。

在这样提问驱动型的教室里，教师和学生们坐成一圈，这可能完全正常。在这间教室里，讨论期间，教室文化考虑到包括教师在内的所有参与者都具有平等的地位。没有人举手等待他人许可才说话。他们用眼神交流，用言语交流。教师和其他学生一样，等待自己的机会。在这间教室里，学生们更有可能相互提问，讨论也更加自由畅快。讨论可能会超出课程范围——直到另一名学生帮助小组重新回到讨论的焦点。教师有目的地利用问题助长学生们的好奇心，增进学生们的理解。这个课堂不仅仅致力于给出正确答案，而是努力更加深入地理解内容和概念，并提出激励他人加强理解的问题。

教室的标志就是通过建立提问文化来争取认知参与。在一个以正确答案为焦点的教室里，教师最害怕的事情就是一个学生可能提出一个自己都不知道如何回答的问题。在一个以提问为焦点的教室里，教师相信，直到学生们开始提出一个自己都不知道如何回答的问题时，课堂才是成功的课堂。

4.支持情绪参与的目的和承诺文化

支持学生们充满热情的文化，重视高层次的情绪参与。在这样的教室里，学生们彼此真心相待，超越了同学的界限。具有情绪参与的学生不会只知道简单地上学和放学，他们对周围的人充满兴趣，也得到周围人的支持。教师们关心每一个学生。当一个人缺课一天，其他同学就会注意到。每个人都可以在课堂上提问，不用担心他人的嘲笑。我们相信，支持高层次情绪参与的教室文化致力于保证每个学生都努力相互理解，而不仅仅是相互评判，教室以整体而不是个体为焦点，同时重视教室里的贡献和能力。

考虑一下，情绪参与对于支持富有成效的教室文化和学校文化是多么的重要。也许，孩子们给予另一个孩子最大的惩罚，就是社会隔离。你可以连续几天，甚至几个星期，叫一个孩子的名字，而不让别人知道。但是，当你对一个孩子置之不理，孩子的言行障碍就会很快显露出来，而教师几乎立即就能感觉到出了问题。当我们和他人隔离开来，就不会产生学习过程。联想到像马斯洛（Maslow）需求层次理论一样的人类发展框架，这也能讲得通。当基本的诸如吃饭、睡觉的生理需求得到满足后，我们需要安全感和归属感。我们需要继续生活的目的，而这个目的就是成为比自己更重要的事情的一部分。正如迈克·迪克曼（Mike Dickmann）和南希·斯坦福·布莱尔（Nancy Stanford-Blair）所说，“用大脑和他人互动仍是你锻炼和提高自我智能的主要手段。脱离了世界，我们自己毫无意义。

情绪上的参与，意味着我们积极感受教师、同学、作业和学校。情绪参与始于人际关系。和成年人之间积极的人际关系可能是促进学生积极发展的唯一且是最重要的组成部分。

我们知道，一所理解了人际关系的重要性的学校，学校的员工一定会确保每一个看起来和其他人接触不多的学生都在学校有一位非正式的导师。教师、监护人、助手、保障人员以及校长，都应该致力于培养和1—3名这样学生之间的支持关系。建立这样的联系需要一个过程，这个过程始于每一个员工的努力，努力找到这样的学生，每天和他们打招呼，问问他们的兴趣，了解每个人的天赋和强项。成年人要花时间积极倾听学生，要亲自和学生说话。不仅人际关系会改善这些处在危险中的孩子，而且同伴关系也在学生们中间更加积极有效。学校的气氛会从一个很多孩子感到联系和安全，而其他人遭到排斥的样子，转变为所有的孩子都感到自己受重视，自己有人支持的样子。

（1）情绪参与是评判文化还是理解文化

你的学生如何看待彼此？他们是把彼此看作审判员，等待作出决定？还是看作人类学家，尝试理解他人眼中的世界和自己的有什么不同？

评判，每个人都会做。我们建立一系列对与错的信条，并且遵循这些信条生活下去。大多数时候，这是好事。要是没有了定位的路标，我们就不能告诉他人自己是谁，我们相信什么，或者看重什么。

不幸的是，当我们用这种思维习惯给他人做决定时，我们就会忽视彼此的很多优点。和我们一样的人就是好人，不一样的就不是好人。年轻人尤其容易陷入这种错误的思维方式中。有一种文化，支持每一个对情绪参与有需求的学习者。在这种文化中，学生们需要学会积极地看到差异的价值，重视和自己不同的东西。在21世纪，差异的价值比以往更多。不仅文化差异很有价值，技能和想法的差异也有价值。

比如，艾迪欧公司，一家颇为传奇的设计公司，也是把苹果公司和其他几十个先进公司的产品外观和产品感受建立起来的公司。艾迪欧公司从20世纪50年代的带有相同教育和背景的男性文化走向适应花灰色法兰绒西装，花了很长时间。公司有意雇佣具有不同专业背景的人，组建团队，采取新颖的方式解决问题。团队中可能会有设计师和工程师，也可能会有生物学家、音乐家、数学家以及历史学家。重要的是他们共同工作的能力，理解难题，提出想法，然后付诸优雅的行动。

对于艾迪欧公司来说，丰富的想法就在团队协作中浮现。过去的团队可能已经包括一个设计师和多个工程师。设计师一人提出想法，众多工程师进行可行性分析。对于过去的团队，要让生物学家和历史学家加入，要用下面几个问题来评判：生物学家对美有多少理解？历史学家对模压塑料的抗张力强度有多少了解？他一无所知。我会把他安排在合适的岗位。但是艾迪欧的成功之处就在于他们的团队致力于整体诉求。他们的团队了解，只有在用户的角度看待产品，才可以理解产品的目的。他们的团队了解，共同努力和恪守承诺才会得到更优的想法。他们的团队了解，没有想法的多样性，就不可能有这些思考方式，就不会找到解决挑战的优质解法。

考虑一下，把评判他人或彼此了解作为加深理解的途径，这两间教室是如何营造出不同的规范、常规和文化的。第一间教室的规则似乎传递出一种信息，那就是，完成作业是你的工作，第一次就要用正确的方式，而我在这里评判你。这表现在教师如何给学生的表现打分。每天，学生来到教室，就把作业交给教师。教师迅速标记出来，确定上课时这些作业已经完成。然后，教师把作业随机发下去，自己念答案，学生们批改面前的作业，在作业顶端写上分数，再向前传。有时，学生们会评论一下他人的分数，“啊，德米特里厄斯得了45分！”不用面对这个学生，教师就可以告诉他要好好学习，不要看电视。

这种评判文化可能在作业上交后的课堂进行中很明显地表现出来。每天，作业交上来以后，教师继续进行后面的课程，讲解几道典型问题，布置作业，给学生写作业的时间。不允许讲话，即使是向同学寻求帮助，也不可以。如果你对作业有疑问，教师常常这样回答，“下次注意。阅读第245—247页，如果你还是不会做，来这里问我。”这种设定似乎就是，如果你不明白，没人可以帮助你。如果你不遵守规则，就是你一个人的缺陷，你最好不要打扰他人的学习。如果你有一个正当的问题，应该私底下解决，否则就会打扰他人完成作业。

这间教室里的教师，把同情心看作不利因素。学生们自己找到线索，果断相互冷嘲热讽。他们缺乏团队合作和相互支持的能力。努力的学生之间建立起一种怨恨，挫折感增强。有些学生就这样轻易放弃了。

现在，考虑一下第二间建立起情绪参与的教室，培养了一种相互理解的教室文化。

第二间教室有意识地营造一种相互支持的环境。不是规定一系列奖惩评判的条条框框，而是基于相互支持，确保相互理解。另外，设定规则的前提是，只有相互理解才可以消除障碍，加深相互的理解。在这间教室，教师每天在门口跟学生们打招呼，教师知道学生们的名字，了解他们的兴趣、需求和优势。“昨晚的比赛如何，索尼娅？你昨天提了几个非常棒的问题，山姆。我等不及要看你怎样解答这些方程式了！我们今天需要你头脑风暴，汉娜。我需要其中一个比喻，来帮助其他同学理解一些新概念。”

一旦学生们步入教室，他们就建立起了“两分钟惯例”，在这2分钟里，学生们可以分享好消息。有时，学生也可以分享个人取得的成就，家里发生的好事情，或者感谢一位帮助过自己的同学。实施这种策略之前，教师认为这会占用很多时间。但事实并非如此。学生们想要分享简短的奇闻异事，或是听到公开的感谢，似乎他们说的话帮助驱赶了紧张情绪。随着孩子们愈发坦诚相待，教室气氛变得更加专注和轻松。孩子们需要几个人提醒他们，指明方向。他们爱自己的教师，规则也是公平、公正的。他们在教室里学到了许多，他们不想让教师失望。

随着孩子们深入研究课堂内容，他们很自然地提问。事实上，有人提出一个似乎让所有人暂停的问题时，教师会说："如果你正努力解决同样的问题就把拇指竖起来。"根据学习结果，教师会回到讲台，花更多时间讲解某个技能或概念。学生们知道自己的提问不会被评判。他们也知道自己的问题才是最重要的。布置作业之前，教师会给出一个形式化的典型例题，3人一组，让学生解答，然后分析答案。如果有人对概念或步骤有疑惑，他需要构建明确的问题，让其他组尝试解答。

学生们知道，这间教室里没有哑巴问题。他们也知道，目标就是确保每个人都理解，而只有坚持不懈才会理解。实际上，每一次有学生真的受困于某个问题时，教师会告诉他，"如果你已经明白了，我就继续讲下面的内容。在最后弄明白之前，我过去也常常在某些相同的概念上卡壳。"

（2）情绪参与是"我"的文化还是"我们"的文化

你的学生怎么看待学校？是看作关于"我"的个人努力，还是看作"我们"必须一起参与的造就最佳工作的一系列机会？一般来说，人们把学校看作一系列的个人任务，每个人都要分别参与。但是同时，"我们"每天也有相同的作业，而"我"就做我的作业。"我们"一起读一本书，而"我"就读我的书。"我们"共同写一篇文章，而"我"就写我的文章。我们都有相同的作业和任务，但我们都回到自己的小角落里，做着相同的作业，这与我们参与到真实世界中的工作截然不同。

完成真实世界的工作有两种方式，我们可以好好体会一下。

第一种，所有人做相同任务的工作，正在自动化或外包出去，这在以前从未发生过。只有在流水线上，每个人才可以用同样的方式，在相同的时间，做同样的工作，尝试产出相同的商品。在21世纪，工作不能自动化或外包，每个个人都参与到工作中，每个人都对集体做出了独特的贡献。如果个人从事项目或产品的特定部分，他们就是更大集体中的一部分，没有个人的共同工作，就没有个人的价值。

第二种，孤立的工作阻止我们做到最好。三个臭皮匠，顶一个诸葛亮。学习的核心贡献者就是我们依赖他人反馈的能力，而他人的反馈可以澄清并加深自己的思考。接受反馈很可能发生在同事彼此信任的环境中。当每个个人都相信自己的工作是为了自己，那么，他们工作在团队的真实环境中时，就会幡然醒悟。他们需要倾听和耐心，需要提出重要而明确的问题，也需要承认更好的观点。当他人气馁时，他们需要提供情绪支持。这就是21世纪充满战斗力的学生们应处的环境。拥有目标共享，而非个人日程，个人就掌握了技能——战胜个人兴趣，更好服务团队的技能。

如果大部分所学来自他人，如果与他人共同工作可以提高工作能力，为什么这么多学校还在孤军奋战？在一个完全聚焦“我”的教室，学生依照自己的喜好进进出出，甚至不知道其他人的名字是什么，更不用说信任他人、与他人互动以及向他人学习。这种情况在发生竞赛的时候尤为严重，但团队意识就不会导致这种情况，它是支持学习最有力的催化剂。在一个强调曲线分数等级或班级排名的竞争环境中，个人变得愈发关注一个问题：这其中有什么事是为了我好？在这种环境中，很小甚至没有支持他人学习的动机，因为他人的成功就是我自己的失败。我们知道有一所高中，在很多年就不再进行班级排名。新政策实施后的一年里，图书管理员（我说过这是很多年前的事儿！）注意到丢失的书籍更少了，放错位置的书籍更少了。她的假设就是，学生们破坏他人学习的动机更小了。

本章开头描述的两间教室，第一间强调“我”的文化，然而第二间强调“我们”的文化。

第一间教室围绕着“我”和“他们”制定了规则，这是一个人和一群人的对抗。前提似乎是为了让学生们相互竞争，似乎是为了让教师和学生们竞争。然而网球显然对教师很重要，教室的特点似乎消失了。和学生们分享自己对于网球的兴趣，教师变得更加人性化，这值得赞赏。但是不要犯错：这是教师的房间，摆放着教师的物品，执行教师的规则。

“我”和“我们”的二分法则也在考试前后发挥作用。班里可以做一个名为“幸存者”的游戏，游戏中，学生们要解决一系列难题，一道比一道难。学生们要解决问题，并在一块小板子上写下答案。如果一个学生答错，他会被淘汰出局，反之，他继续游戏。当只剩下最后3个人时，最后的难题就是一场时间的比赛。第一名做出正确答案的选手，可以在测试中得到五个额外学分，第二名得到三个，第三名得到一个。每个人都知道五个学生会竞争游戏最后的前三名：总是这5个学生。此外，他们也是最不需要额外测试学分的学生。“幸存者”游戏在学生们中间营造出一种竞争氛围，但是他们也会为区区一分而争论。

在第二间教室里，语言基于“我们”会做什么来支持彼此学习以及“我们”为什么学习数学。不仅用积极的语言制定规则，而且学生帮忙撰写规则，并遵守这些规则。对于这些规则，学生们分享并恪守，他们意识到制定这些规则不仅为了惩罚，也为了支持小组的共同目标：为了学习数学。已经说过，这间教室使用的方法基于一个信条，那就是，知识的构建要在意义建立的前提之下。

5. 支持行为参与的目的文化

支持充满热情的学习者的文化看重高层次的行为参与。在这些教室中，学生们在自己的工作中看到了价值，因为他们相信这充满挑战、目的明确、意义非凡。具有行为参与的学生，不只是为了分数和等级才上交作业的，他们对学习充满好奇，渴望学习。我们相信，支持高层次行为参与的文化，致力于建立起对所有学生都拥有高期望值，而非低期望值的文化。此外，这些教室建立起学习的目的，强调内在动机和生产力，而非外在操纵和顺从。

（1）行为参与存在于顺从文化还是真实文化里

学生们做作业，是为了避免不好的后果，还是因为他们相信这些作业目的明确并且意义非凡？学生们坚持攻克难题，是因为他们致力于发现最好的答案，还是因为他们仅仅想要学分和分数？

行为参与与学生们投入学习行为的程度有关系。当学生们真实地参与进来，学校为了支持学生认知与情绪需求所依赖的价值观和策略，就与学校为了实现目标而让学生们使用的行为和任务相吻合了。识别学生们参与层次的挑战就在于，学生们可以以一种看起来具有行为参与的方式做游戏，然而实际上，他们可能仅仅是在顺从。

在第一章，我们讨论了认知人文主义的参与方式和行为主义的顺从方式的一些核心区别。行为主义体系依赖外在动机，然而认知人文主义依赖内在动机。我们将要使用二分法，讨论这些具体的不同之处以及其重要性，更好地理解行为参与的角色。当你和充满热情的人一起工作时，行为参与尤为明显。

真实参与的特点是学生们有意地参与到任务或活动中来，因为这些任务或活动对个人意义重大，也十分有趣。换句话说，这些目标以及获得这些目标的过程，对于学生和学校来说是一样的道理。比如，一个孩子喜欢陶艺，并且为了一场即将到来的展览，而从事一个制陶项目；又比如，一个学生对物理着了迷，尝试求解一个方程式，他相信这个方程式可以解释一个有趣的现象。或者，这也意味着课程的目标就是教会学生从复杂的文本中学会推理。不是让所有学生都阅读同样的文本，学生们可以选择与个人兴趣一致的内容进行阅读。当这些部分都协调一致，任务的意义和目的就不取决于外在奖励或操纵了。工作能力强，解决有意义的难题，具有重要风险以及很多情况，都可以得到奖励，这些奖励在本质上就是任务本身的收获。

行为主义观点与真实参与的例证完全背道而驰。外在（而非内在）奖励和惩罚，是行为形成的主要方式。学校常常采纳这种行为主义观点，创建一个象征性的经济体，来激励学生。这种假设就是，缺乏完成任务的象征性动机（比如分数和等级），或是有形的结果（比如零分或者记过），学生就不愿意做作业。这种假设基于两个过时的关于教和学的信条：学生只有在得到象征性奖励时才会学习，如果学生不做作业，那就是因为象征性动机不够强大，或者象征性惩罚不够厉害。有研究把两种目标结构进行比较，一种是行为主义影响下的，以表现为导向的目标结构，一种是更多认知人文主义的，以学习为导向的目标结构。研究表明，行为主义的前提可能不仅是错误的，而且实际上可能在渐渐瓦解学生的动机和学习热情。

对于行为主义者来说，学习者是否遵守规则、是否完成任务，比他们对于规则和任务的思考更重要，核心就是顺从。如果学生们不做作业，不遵守规则，那么问题很可能就是奖励不够大或者结果不够严重。因此，如果学校里存在很多学生迟到的问题，行为主义的方式就是建立奖励机制，诸如给按时到校的学生提供激励性的实地考察或免考的奖励，给不按时到校的学生提供更长的上学时间、更多测验以及可能的记过和课后留校的惩罚。类似的看法是，如果学生不做作业，肯定是因为惩罚太轻，如果零分不能激励他们做作业，那么课后留校也许可以！

我们相信，行为主义方式把顺从看作行为参与的代替品，主要存在三个问题。

第一，行为主义方式会压制内在动机，因为有形奖励被视为（而且最终被接受为）比内在奖励更重要。比如，一个喜欢弹钢琴的孩子，一连弹了几个小时，但是当教师要求他练习并且记录每天练习的时间时，他发现自己不再弹得这么频繁了。孩子弹琴，不再因为喜欢，所以自己喜欢的曲目也不弹了。突然，弹琴的目的就是服从练习日志。当教师们用分数和等级来构建学校，我们还应该惊讶于一些孩子抓住每一分，努力拿到优等吗？他们学到东西了还是没学到呢？相反，努力的学生可能会在上学的时候部分地默许这些，同时说出下面的话："无论如何，即使我在其他考试中都拿满分，我能够得到的最高分数也只有D的水平。那我还有必要继续尝试吗？"

第二，事实上，行为主义的方法可以鼓励欺骗。有时，拧紧顺从的螺丝，会导致学生这样想："不管怎样，如果我的教师不是真的关心我，她谈论的一切都是分数和等级，那么我需要至少得到B⁺等级，才能在周末出去玩，有什么大不了的呢？"事实就是，怀疑自己能力的学生和关心自己等级的学生更有可能出现欺骗行为。更讽刺的是，一个骗人的学生，可能已经自暴自弃，也可能放弃了教育体系。有人说："我试过，但完不成作业，因为我没听懂，但教师无论如何都不会给我更多的帮助。"知道说这句话会产生后果的学生，会找到一个打击教育体系的方式，因为他相信这句话不能支持自己的学习。

第三，我们相信，对于行为主义方式的最严峻挑战就是常常假设学生们具备完成作业的能力，是他们自己出于懒惰故意选择不做。类似地，它假设学生们具备遵守规则的自我控制力，是他们故意选择不这么做。发生了这种情况，支持学生学习的正当机会就消失了，因为罪魁祸首注定是怠惰或者冷漠，而不是孩子的学习需要和提供给孩子的机会之间出现了脱节。讽刺的是，这种回复可能会引发对于学校的深层次疏远甚至脱离。发生这种情况，原因在于教育制度的失败，一个努力的学生不但受到了惩罚，而且受到了带有惩罚性质的二次惩罚。类似的例子还有，一个内科医师，由于运动型疗法的失败，而给一位心脏病患者停了药。

行为主义方法在科学管理的工业时代很奏效。丹尼尔·平克（Daniel

Pink）这样解释，当有人要求个人参与到枯燥的重复性工作中时，奖惩的行为主义体系有效率，也有效果。如果我让你一天生产700个小部件，这个任务单调乏味。如果有额外赢得700分的动机以及不做的后果，你就会受到驱使，变为顺从。然而，别搞错，很少有人可以自愿参与生产小部件的机械工作。这项任务的认知参与很少或者说没有。在一间嘈杂的工厂里，几乎没有与他人构建情绪参与的机会。因此，为了引出行为顺从，奖励和动机是仅剩的途径。

但是，学校难道不应该围绕他们独立参与的任务和学习机会而运行吗？在一个真实文化环境中，因为目的明确，学生普遍参与到任务中来，他们有重要的难题需要解决。技能不会在“你将来某天会需要它”的固执中学会，学习的目的就是为了把这些技能应用于解决今天存在的真实问题。真实文化始于一个与纯粹的行为主义文化不同的前提。真实文化，不假设人们通过奖励和威胁可以把工作做到最好，而是假设当学习新技能、得到许可、可以自行学习时，人们想要把工作做好，于是自觉地对学习充满热情。认知参与和情绪参与的交集导致了极为高层次的行为参与，最好例子就是“心流”。心流这一概念的核心是事实、热情和承诺。

心流是一种心理状态，不论在工作时，还是做游戏时，心流中的个人深深地沉浸在想法和行动之中。处于心流状态中的个人完全投入，以至于忘记了时间和空间。心流体验包括几个核心部分：需要技能，充满挑战；要求行为和意识的平衡，或者说元认知；对特定的反馈有明确的目标和机会；个人全神贯注于手头的任务；存在明确的个人控制感；这些部分导致自我意识（不是意识）的缺失；存在时间感的改变。心流的体验受到内在激励因子的驱使而发生。米哈里·契克森·米哈赖（Mihaly Csikszentmihalyi）进行了如下解释：

> 心流把生命过程抬升到一个不同的层次。疏远让位给参与，享受取代无聊，无助变成控制感。心理能量加强了自我意识，而不是让自

我意识消失于服务外部目标的过程中。当这种体验在本质上有意义时，现在的生活就是合乎情理的，不会受到假想的挟持。

从心流理论的视角对学生参与的研究进一步阐明了高中生参与并体验心流的情况。在高中教室里的学生参与和心流理论研究中，舍瑙夫（Shernoff）和他的同事针对来自美国各地的526名高中生进行了纵向调查。要进行这项研究，需要学生们佩戴寻呼机。当寻呼机响起的时候，学生们要写下当时他们正在学校做什么，然后评估自己的集中程度、兴趣程度和享受程度。当他们感到任务具有一定的挑战性，同时自己拥有的技能可以完成任务，而且主题和自己的生活相关，自己对学习环境有控制力的时候，学生们记录的参与程度最高。报告称，学生们平均花费1/3的时间被动处理全班同学都得到的信息，1/2的时间在做独立工作。实际上，学生们说，不参与可能就是因为缺乏挑战性，而且没有意义，这种情况会发生在传统讲座模式的课上。总的来说，研究人员发现：

学术氛围浓厚的活动和培养积极情绪的活动最能够吸引学生参与进来。理想情况下，教师可以开展一些具有挑战性和相关性的活动，但也让学生可以控制学习环境，对自己的能力感到自信。成功开展这种参与活动的教师很可能不仅考虑到了即将学习的知识和技能，也考虑到了学生是学习者，要让教学适应学生的发展层次和个人兴趣。

契克森·米哈赖的研究综合性很强，他的调查结果根植于历史研究，在世界范围内已经大量重复研究过。他的研究跨越不同领域，援引了心理学、教育学、社会学和商学的研究成果。作为行为参与的标志，心流的概念已经成为理解教育工作者致力于培养充满热情的学习者的中心点。

本章开头描述的两间教室，第一间强调顺从文化，然而第二间强调真实参与的文化。

第一间教室的规则明确强调了奖惩体系是得到顺从的主要方法。当教师布置作业或做演讲时，他不停地告诉学生们：“这很重要，因为考试会考到。”他很少把数学和实际应用联系起来。

教室前方白板上的作业，写了两列：

作业	分数
223页，1—31奇数题	15

学生们讨论作业时，页码和分数通常是谈论的焦点。有的人听到了谈话，竟然不知道谈论的内容是数学。

实际上，整个班级的关键似乎是，如果你不遵守规则，你就会被扣分。你可以想象，一名学生步履维艰地学习当天作业中提到的新概念，向自己的同学寻求帮助，而教师却说学生有错的场景。教师严厉地说：“就因为你没有完成作业，但不意味着哈珀不能完成作业。”在教师一番严厉言辞后，这个学生几乎没有向教师寻求帮助的意愿了。那个晚上，这个学生努力做作业，尽管花费了几个小时，最后还是没有完成第29—31题。第二天，当教师发现他没有完成作业时，该学生又不出意料地受到了训斥。“昨天你打扰其他同学，而今天你的作业还没完成，必须给你扣5分。”这个学生开始和教师解释的规则对着干，但是教师只是指了指规则板。这个学生感到了失意和挫败，也心灰意冷地闭了嘴，认为不值得花时间来争吵。

教师和学生们之间关于数学技能或数学概念的对话，只是为了完成作业，毫无意义。教师从来不会让学生们支持彼此，说出更有效的解题策略。在这种顺从文化中，遵守规则和接受惩罚似乎就是课程的目的。

在第二间教室里，一个截然不同的情境展开了，这种情境强调了完成作业的真实原因。

学生们可以选择很多问题来解决。作为作业的一部分，学生们写下真实生活中存在的问题，这些问题与他们的兴趣相关，还要利用今天学过的概念和技能来解决。学生们让从未出现在脑海中的事物建立了联系，从排球到汽车比赛或煤气价格，学生们找到了学习和兴趣之间的联系。正如之前介绍过的一样，第二间教室里具备认知参与，教师期待学生们在离开教室前，积极讨论自己的理解和问题。学生们不仅认为作业和自己相关，而且他们参与进来，把同学看作一种资源，一种帮助自己理解作业关联和意义的资源。作业也是写在白板上，也是写了两列，但是它是这样设计的：

作业是__________	为了让你理解____________
__________________	__________________________

第一部分清晰地说出了任务，第二部分清晰地说出了学习目标——也就是这个技能在真实生活中也很有价值的真实原因。

当第二间教室的教师讲解作业的重要性时，他很少提到分数和等级，几乎总是提到帮助学生实现自己为学习设定的短期目标，或者介绍真实生活中的应用。学生们不会带着厌烦情绪完成作业。当有学生不做作业的时候，教师会把这个学生叫到一边，询问是否存在影响做作业的个人原因。因为他们相信教师，所以会坦诚地告诉教师自己的真实原因。如果是理解的问题，他们不会谈论分数和等级，而是讨论数学。他们讨论完成这类问题所使用的策略。如果这些策略行不通，他们看着面前的白板，找到另一种更好的解题策略。"我知道你可以做到，我们只是还在寻找最优策略的路上。"

（2）行为参与是低期望值文化还是低专业知识文化

你的学生是为了做作业而做作业，还是为了掌握专业知识而做作业呢？

完成任务和成为专家是不同的。安德森·埃里克森（Anders

Ericsson）是世界首位专业领域的专家。他广泛研究并写了大量资料，研究关于个人和专家，与很早就进入平稳阶段而最终没有挖掘出真正潜力的个人相比，专家如何以不同的方式参与到工作中来。正如第三章介绍过的一样，平稳阶段常常归因于对智力的思维定式。大多数人认为自己已经达到了能力的遗传极限，仅仅默许并接受这些局限；他们降低自我标准，把平稳状态看作表现的峰值阶段。思维定式成为自我实现的预言。

埃里克森和他的同事相信，很少有人触碰到了自己能力的真正极限。他们认为，几乎没有经验表明，天赋才能是一个人最终表现的限制因素。实际上，任何人都可以取得瞩目成就，那时的表现会超越最初的表现平稳阶段。专家和其他从业者在一个领域不同，因为他们已经具备多变且可重复的多项技能，这让他们能够自如地使用正确的策略和方法，获取自己想要的特定结果。

然而，在12年的中小学教育期间，学生不能成为数学专家或作家、历史学家或是工匠，他们没有掌握专业知识的途径，也没有富有成效的思维习惯，而专家已经内化了这些，教育工作者看重这些，学生们可以学会这些。这就允许他们采纳一系列技能和行为，支持自己在任何选择的领域取得瞩目成就所付出的努力。特别是，埃里克森、普利图拉（Prietula）和库克利（Cokely）认为，专家使用下面的策略和倾向来获得提高。

专家刻意进行实践。专家顽固地寻找需求的特定领域，并且参与刻意实践。刻意实践意味着识别出表现的一个特定方面，然后一遍遍地训练。大多数达到平稳状态的人总在自己已经很擅长的领域实践。想想那个弹钢琴的小孩儿，他真的很擅长某一首曲子，然后开始只弹奏这一曲；或者另一个人真的喜欢阅读非小说作品，他从不练习阅读小说，也不使用阅读小说所需的理解策略；音乐会上的小提琴手反复练习一段充满挑战的曲子；充满抱负的奥运会花样滑冰选手会一次次失败，再一次次练习别人不敢尝试的最难的跳跃动作；数学家全力攻克一个个棘手的难题——每次都尝试稍有不同的策略。

专家不慌乱。专业知识不会一夜之间全部浮现，需要时间的积累。埃里克森认为，他花了一万小时的刻意实践，才获得某个特定领域的专业知识。粗略算来，每周20小时，也要实践10年的时间。这不意味着那段时间只做这些事，它意味着有策略地识别特定劣势和特定需求领域，通过学习新策略来对抗劣势，或磨砺现有的策略来获得提高。

专家对反馈有响应。正如第四章介绍过的，反馈是学习的主要助推剂或抑制剂。高质量的形成性反馈让学习者聚焦于需要提高的核心领域，修正并提高自己的表现。专家对于反馈很重视，他们拼命地想知道什么有用和什么没用，所以他们可以继续修正理解，磨炼性格。

专家观察别人如何和教练密切合作，专家不会孤立地工作。他们拥有良好的自律性，观察工作中的其他人如何利用有助于成功的方式，掌握技能和策略。他们和别人聊天，学习其具有优势的领域以及如何提高。他们和别人聊天，学习他人努力提高中遭遇的挫折，更好地理解通往专业知识的路上散落着失败的尝试，但这些尝试都会变成学习机会。

要帮助学生理解这四个学习专业知识的途径，有很多不错的方法。比如，世界上最厉害的运动员和演员都有教练。他们苦练自己表现最差的部分，寻求并听从反馈，密切观察自己渴望模仿的人的表现。

有的教室支持渴望成为专家的人的掌握水平和思维习惯的文化，和这种教室文化截然相反的是建立一种低期望值文化的教室。低期望值文化由两个部分组成：学生们对自己完成高质量作业的期望值和成年人对他们完成高质量作业的期望值。

一般来说，处于低期望值文化中的学生，遵从下面两种假设中的一种。在第一种假设中，学生不相信自己有能力完成高质量作业。也许他们具有学习的思维定式，或者他在学校的几年都只如蜻蜓点水般学习，并没有真正理解，但得到了足够好的等级。这种学生对于自己作为学习者能够做到的事情持有低期望值。他们不会在不可能理解的事情上下功夫，而是作出有意识的决定，在工作中投入很少的时间、努力或精力。足够优秀意味着仅仅完成学习任务或避免在家的惩罚。

在第二种假设中，学生相信自己有能力完成高质量作业，但他们认为教师没有注意到（或者不关心）。比如，这些学生可能会投入大量时间和精力，完成一个高质量的项目，却发现自己获得了和其他同学一样完全相同的等级分。这些学生随着教师的低期望值，调低了自己高质量的期望值。他们决定只完成需要完成的最小工作量，只投入相应的努力，从而获得与此相符的等级。

低期望值文化的第二个部分受到成年人假设的驱使，而这些成年人控制着学习环境。当成年人对于学习者持有低期望值，他们一般会做下面这件事：不让学生们有目的地提高工作产量，而是让学生完成对智力要求不高的工作，也不会让学生们完成高质量的任务。

> 低期望值的失败在于让学生有目的地提高工作产量。在低期望值文化中，教师会把学生完成的学习量减到最少。这可以从好的意图中显现出来。教师不想让学生们挣扎或受挫。教师不想在课堂上对学生提任何问题，因为他不想让学生感到尴尬。但是，如果学习内容太难，教师就需要退一步，考虑容易解题的策略。一个任务怎样分割成几个小的部分？可以利用怎样的构架来帮助学生们完成从容易到复杂的任务？任务的那些部分是学生们完成得比较好的，从而作为催化剂，继续完成有挑战的任务？有目的地提高工作效率和高期望值的目的不是让孩子们仅仅完成更多的任务。大量炮制工作单，或者解答成百上千道一样的数学题不是高期望值的指标。

低期望值的失败在于让学生完成不严谨的工作。严谨不仅仅和数量有关系。教师可以让学生写一篇20页的论文，或完成500道选择题。但是这些任务没有指出学生成功所需的严谨水平。或者用布鲁姆（Bloom）分类学的等级，或者用韦伯的知识深度等级，无论用哪一种，严谨都是要求学习者成功完成任务所需的深度和复杂程度。为了评估林肯在国内政策上与其他总统相比的效力，与教会学生利用标准来评价相比，给他一篇关于亚伯拉罕·林肯的真实陈述，会让评估变得更容易。问学生严谨的问题，意味着我们致力于帮助学生在问题的模糊性中不屈不挠，因为这些问题都不好回答。也许当我们没有让学生完成严谨的任务时，我们为自己创造的最大挑战就是：不但完成了与复杂的真实世界没有关联的课程和评估，而且给了学生一种他们已经理解的错误印象。

让学生做100道识别100个单词含义的选择题几乎没有什么价值，更糟糕的是，全部答对题目的学生会在考试中得到A，却不能把基于单词的这些概念应用于解答任何其他类型的复杂问题。

低期望值的失败在于无法让学生对高质量任务负责。有些教师可能会超越有利于低期望值文化的成年人行为的前两个部分，然后最后一个部分也不达标：让学生完成高质量的任务。在这种情况下，不管质量和复杂程度，任务是有目的性的、严谨的，但这种任务仅仅作为“极好的”或“了不起的”；相反，教师可能会告诉学生们，他们做得不对，但是没有对他们继续完成任务并改正错误的期望值。不是说每个人都不能得A，而是说我们需要坚定信念，全力以赴，清楚什么是高质量的任务。此外，我们需要给予学生精确的反馈，平衡给予他们的挑战和支持，从而达到更高的质量层次。

不管一个人对教与学有怎样的人生哲学，但我们的共识就是低期望值对学生的学习有害。在第91届全美有色人种协进会的年会上，有一位抱负远大的总统候选人乔治·W.布什，做了一篇关于他眼中的美国教育政策的演讲。在演讲中，他谴责了“软弱地盲从低期望值”。2009年9月，美国总统奥巴马在弗吉尼亚州的阿林顿进行了一次开学演讲。在演讲中，他让学生们“为自己的教育设定目标，并竭尽所能，实现目标。……真相就是，成功很难”。小布什和奥巴马都在强调的内容，我们或许应该提高重视程度。

考虑一下本章开头介绍的两间教室。第一间教室建立了低期望值文化，而第二间教室则强调掌握专业知识的文化。

在第一间教室里，作业和评估通常即刻就划分了等级。作业得分很容易，因为教师检查作业时，把每道题的正确答案都写了出来。测验形式通常是选择题，从五个选项中做出选择，第五个选项通常是“以上都不对”。测验没有提及数学推理，课堂上也没有提及数学推理。你拿到题目，给出答案，不是对就是错。

有时候，当学生被一道难题困住，寻求帮助时，教师回复道：“这道题很棘手，你就不用管这道题了。”进入尖子班几个星期后，教师真的很担心他们在尖子班的学习能力，他把几个学生召集起来，悄悄告诉他们，在尖子班很难，然后鼓励他们放弃。是的，结果就是，学生们真的放弃了。教师的个人人生哲学就是没有学生应该在尖子班，除非他天赋异禀，很轻松就能拿到A。

在第二间教室里，期望值文化截然不同。

在这间教室里，从一开始，教师就告诉学生们，值得上这门课的原因是它充满挑战。此外，教师会告诉学生们，自己的工作是支持每一个学生努力，不仅为得到A，而且还要理解，用自己的所学影响自己的世界。学生们参与到持续一整年的目标设定过程中来。这间教室里的教师还有一句经常重复的口头禅：“每个人都在不同的位置，每个人都有不同的途径，但是都会殊途同归。我的工作就是帮助你们找到到达终点的路。”

当教室里引入了新概念，教师真的帮助学生把解决问题的技能分割成更小的次级技能部分，这样学生们就会学着诊断自己的优势和劣势。一旦学生们意识到需要的领域，他们就会识别特定的问题组，解答这些问题，从而重复练习这种技能。

教师让学生们解释自己关于每一项作业的思考，解释自己使用的策略以及为什么使用这种策略。通常他们会用这样的问题来启发：你还用过其他哪些策略？如果这个问题是乘法，而不是加法，你的解法会有怎样的不同？教师利用数学推理题目，指导学生们理解一种新奇解法或复杂解释的意义，直到期末，不理解这些数学术语的学生现在可以做这些题目，精确地评估，并给其他学生提供反馈。

在前面的章节里，我们讨论了培养充满热情的学习者的主要支柱，包括心态、内心对话以及自我决定。每一个支柱都在构建浓厚教室文化中扮演不同的角色。教师模仿教室里期待听到的语言。教师说话和提问的方式，影响了学生感知自己和周围世界的方式。这种语言影响了学生在课堂内外学习如何互动和相互学习。当教学楼里的教师和其他员工都真诚地关心学生的作业、运动或者户外活动，学生很有可能在接受教育中投入努力。

表6.2　文化的反例和正例

<table>
<tr><th>参与领域</th><th>反　例</th><th>正　例</th><th>文化的内在目的和承诺情况如何满足</th></tr>
<tr><td>情绪</td><td>·评判文化
·我的文化</td><td>·理解文化
·我们的文化</td><td rowspan="3">……合作的教室
……设定目标，给予并使用利益相关人的反馈
……庆祝学习进步
……学生们强烈地参与工作中，致力于学习任务</td></tr>
<tr><td>行为</td><td>·顺从文化
·低期望值文化</td><td>·真实文化
·高期望值文化</td></tr>
<tr><td>认知</td><td>·表现文化
·答案文化</td><td>·学习文化
·提问文化</td></tr>
</table>

在第五章，我们讨论了自我决定的重要性。自我决定与创建参与文化同等重要。教师对学生们说，每个学生都要给教师反馈，说出自己理解的什么对学习有用、什么没用，抑或是在活动范围内给出有意义的选择，这样的教师可以提升学生的动机。有些教师直接把语言融入了教室文化，比

如，一名教师可以跟一组学生分享一项形成性评估的结果，并且寻求关于怎样帮助学生们学习这些资料的反馈。当教师积极听取并应用了学生们的分享，学生们更有可能受到启发，从而想出好的点子，帮助自己学习。菲利浦·施莱驰特（Phillip Schlechty）表示，为了赢得学生们的注意力，教师需要花时间发现可以启发并激励学生的东西。

建立清晰的学习目标和支持彼此学习的承诺，对支持充满热情学习者的文化来说意义重大。在这种情况下，学生和教师超越了个人的兴趣，在一个强调“我们”的环境中一起工作。“我们”是一个在学习上彼此接受、彼此信任、彼此挑战和彼此支持的团队。

表6.3　营造信任文化和接受文化的工具箱

工具箱点子	这个点子为什么对营造信任文化和接受文化有帮助?
定义并反思对于学校社区、教师和同学的期待。	它允许学生和教师交流一下各自的价值观，从而建立社区。
学生使用五个为什么策略，为了陈述教师任务。	使用五个为什么的（重要的是，问一个问题，每次都询问为什么特定的语句是很重要）策略为学生提供分享生活中重要事情的机会。使学生们在一起，任务书可以作为日常的仪式进行共享。
创建一系列基础规则。	利益相关人创造的基本规则，创建了主人翁意识，并强调了团队工作的重要性。
为了联系而和同学面谈。	学生练习深度听力，了解一个同学。学生将学习如何在同学们面前呈现这些信息时作出选择。面谈中让学生去了解对方，有助于相互接受。
使用持续质量改善工具来提高教师进程或者讨论出现的问题。	该工具允许学生和教师成为这个过程的一部分，开辟了沟通渠道，促进决策周到和有见地的讨论。

来源：大卫·朗福德（David Langford）、伊莱恩·麦克拉纳汉（Elaine McClanahan）、卡洛琳·威克斯（Carolyn Wicks）著《未来的力量：想做、能做、真正做了的孩子》。

这个工具箱里的点子帮助教师和学生在教室里营造一种目的和承诺文

化。当学生们看到学习任务的目的是和自己有关的，有意义的，为了学习有挑战性的内容、培养新的技能而致力于挑战、不明确和内在奖励，学生更有可能在情绪上、行为上、认知上参与进来。在一个能够营造文化的教师的指导下，这种文化确保了挑战和支持的适当均衡，学生们就更有可能对学习充满热情。

6. 热情紧缩器

进行和自己相关的学习，这样学生就会致力于自我学习，产生积极结果。不幸的是，有些学习者的现状是：有减弱学习热情的条件和行动。教师要意识到热情紧缩器，校长需要寻找并根除热情紧缩器，组织本身也必须摒弃落伍的教育。在本章里，我们已经描述了一些热情紧缩器。

在一个只聚焦于表现的文化中，出现下列情形，认知参与会在文化中减少：学校强调的是任务或者等级，而不是学习；错误不是学习机会，而是一件不惜一切代价也要避免的事情。

在一种只聚焦于正确答案的文化中，出现下列情形，认知参与会在文化中减少：教师的问题总是比学生的问题更重要；给出正确答案总是比提出下一个问题更重要；问题被视为无知的信号，而非求知的信号。

在一种聚焦于评判他人而非理解他人的文化中，出现下列情形，情绪参与会在文化中减少：学生不认为做自己是一件安全的事情；小组差异被看作不利，而非有利；我们未曾尝试理解他人，就假设他人的言行不得体。

在一种只聚焦于“我”的个人需求，而非小组优势的文化中，出现下列情形，情绪参与会在文化中减少：学生们相互竞争，而不是相互合作；学生们受到他人威胁，而且他人拥有自己不具备的技能；为了在小组内站住脚，可以接受破坏或人身攻击。

在一种强调顺从，把顺从看作真实的替代品的文化中，出现下列情形，行为参与会在文化中减少：学习目标和任务似乎没有目的；与对所学的东西感兴趣相比，遵守规则更重要；学生们把遵守规则看作上学的目的；教师放弃了学生，拿技术细节来询问学生，甚至公开羞辱学生。

在一种强调低期望值的文化中，出现下列情形，行为参与会在文化中减少：学习缺乏相关性，似乎缺乏理解的目的和承诺；怎样容易拿高分，而不是重要的、有挑战性的学习内容，成为作业的评判标准；教师没有平衡挑战和支持，引发学生作为学习者的自我能力怀疑；缺乏有意义的启发性反馈，学生很少要求对反馈进行回复；学生们相信，教师会以类似的方式评估一切学习任务，不管质量有多么大的差异。

反思——改变热情紧缩器的力量

理解、提出、改变热情紧缩器，就要提出下列问题：

引入新的信息之前，你如何评估和使用学生已有的知识呢？

就个人而言，你对每一个学生了解多少？

个体学习者会参与什么类型的教学？请问你的教学策略允许学生做什么？

学生在学习中有投入和选择吗？

请问你的教学适合你的学习方式，还是学生的学习方式？

你会帮助学生了解学到的知识和他们生活的相关性吗？

你用什么策略来让学生对他们的学习负起责任？

你的教室文化专注于学习还是成就？你会帮助学生反思自己付出的努力和它与学习的关系吗？

你会传递很高的期望值吗？这些期望值会影响成长心态吗？

你有没有建立关爱的氛围？当一个人正在经历社会或情感挑战时，学生们会互相帮助吗？

你会给学生特定的，有意义的及时反馈吗？

从学生身上学到的东西，如何影响你下一次课呢？

7. 和教师说悄悄话

教师对每个个体的学习培养负有责任。如果目标是帮助学生成长为学习者，教师应该营造学习文化。为此，应该考虑以下几点。

- 了解达成学生内心动机的兴趣和偏好。
- 看到每个学生的天赋和优势。
- 在互动的第一天就建立信任。
- 让个体之间相互学习，建立起社区。
- 帮助学生理解他们所在的学习社区是富有价值的社区。

建立信任和尊重环境的关键，在于教师如何使用语言和构建课堂环境。学习过程要培养学生学着解决问题，这时候，自主性至关重要。例如，如果建立了程序，学生进入教室就知道会布置一道题，用来深入探究昨天学过的一个概念，学习的文化就是这样建立起来的。文化中的学生都是独立且有合作精神的个人，他们分享并借鉴彼此掌握的知识。

和教师说悄悄话满足学生的社交、情感需求和学术需求，鼓励学生，灌输成长心态，理解如何启发学生发现自己的热情，允许学生探索想法，那么，学习是与生俱来的。和教师说悄悄话的人关心他们如何建立教室，如何称呼学生。例如，当一个学生没有铅笔，教师不会公开谴责学生没做好上课准备。取而代之的是，教师有一个容器，里面放着一个社区现有的铅笔，这样，学生可以继续学习，不会受到羞辱或是中断学习。

教学提示

和学生的生活相联系，可以构建必要的人际关系。用十天时间，每天花两分钟联系一个学生，这样，他就会感觉教师重视他，把他视为个体和学习者。唐纳德·格雷夫斯说，为了教一个学生，教师需要知道他的至少十件事。

表6.4　参与的学习者和热情缩减器的例证

参与的学习者	热情缩减器
乔西走进教室，在电脑上签到，取走午餐和牛奶。学习材料放在了她的课桌上，她准备学数学，然后她走到后面的地毯，在那里，其他的学生已经聚集成一个小社区。她加入了一个已经在讨论科学概念的三人小组，乔西读取了贴在黑板上需要反思的问题，并加入了谈话。他的教师加入了后面地毯上的同学，并从代表的对话中评价今天的课。接下来，学生创造一个社区圈子，他们成对分享当天要学习的内容。学生干部要求一个学生分享，这个学生分享完，再让其他学生来分享。5个学生分享后，今天的学生干部带领小组学习效忠誓词和学生使命宣言。教师简单地分享每日的目标，学生走到自己的课桌前开始上课。教师通过写在黑板上的数学目标来吸引学生注意，从而开始今天的课……	乔西走进教室，坐在课桌旁边，等待教师开始新的一天。教师走进教室和两名没有在自己课桌旁的学生谈谈话。教师叫每一个学生的名字来点名，学生们喊到，告诉教师他们有没有午餐和牛奶。教师让学生们站着背诵效忠誓词。背完后，学生们坐下来，教师指导他们拿出自己的数学书，教师开始讲解今天的数学概念。

教师必须和学生建立信任，从而帮助他们意识到自己付出的努力会通向未来的成功。德维克指出，当教师强调努力时，学生们就更倾向于冒险。随着对学生批判思考和解决问题能力的期望值越来越高，让学生自由地尝试具有挑战性的新体验也越来越重要。当教师营造了一种“庆祝错误也是学习”的文化，学生们就敢于冒险。教师可以传播自己的信条，营造这种文化。一种方式是通过在教室使用的语言。德维克分享这些陈述作为例证，“你做得又快又容易。”“ 不好意思，我浪费了你的时间。”“谁曾极度挣扎？你挣扎的时候在做什么？”这种措辞清楚地传递出一种教室聚焦于学习的信息，为了挑战而努力挣扎也值得庆贺。下文的表6.5列举了激发和贬损学生成长心态的问题。

文化的另一个核心部分是创造教师和学生之间的对话。为了帮助读者，笔者已经创造出学习者档案，强调了心态、内心对话、自我决定和文化的参与素质模型。学习者特征包括学生自我反思的时间，教师和学生沟通的时间，教师给学生提出的特定建议或反馈。

表6.5　鼓励或组织冒险的言行

该做的	不该做的
通过尝试这种策略，你学到了什么？ 今天努力的人会得到学习上的庆祝活动吗？ 还有其他的方式来思考这个概念吗？ 追求目标的过程中，你取得了哪些进步？	我很惊讶，你选择了这一战略。 你们当中有些人今天工作做得很棒，但很明显，一些人需要多加练习。 我向你展示了如何做这项工作。只需按照我演示的方式去做就可以。 你为什么没有完成目标？

8. 文化的性格

每个父母都希望遇到一个营造一种富有同情心和合作文化的教师。在这种文化中，学生们像在一个有爱的家庭里彼此关心，让同学接受真实的你，这样每一个学生都可以自由地冒险。

文化始于教师和他的心态。比如，在给一个教师岗位的应聘者面试期间，6名优秀的应聘者接受了面试，每一个人都有多样的、特殊的背景。当面试最后一位应聘者时，他的精力、智力和同情，让房间变得充满生气。

决定性的时刻，就是面试团队知道自己选对了应聘者的时候，也就是一个应聘者分享了自己面对下面情境的做法的时候。这个情境就是，他走进一间混乱不堪、缺乏尊重的教室后会怎么做。这位应聘者，不动声色，娓娓道来，“我会围绕着学生个体的动机，重新建立教室文化。”这位应聘者了解学生、学习、倾向是核心点。他的回答涉及关于培养充满热情的学习者的图表上所有内容，他继续谈论教室文化，改变学生的内心对话，让学生愿意培养自我决定和成长心态。面试团队的成员都想让自己的孩子在那样的班里上课。

理解文化重要性的教师，也理解需要教会学生的倾向和加强教室文化的实践。表6.7解释了这个过程。

文化的倾向聚焦于目的和承诺。在目的方面，沟通、解决问题、应用、同情心的倾向是与生俱来的。学生们使用这些倾向，以团队形式完成任务，实现目标。在承诺方面，影响、意识、坚忍、恒心的倾向是构建信任文化、冒险文化和尊重文化的导向力。

正是在这里，笔者想提醒读者们一个好点子，如果执行不力，可能会导致弊大于利。帮助学生拥有倾向以及如何强化倾向，极为重要。作为成年人，我们需要留心如何分享这些信息。阅读“注意事项”框，查找注意事项列表，并找到为什么可能会伤害学生。如表6.8所示，一个学生用来文化思考的自我反思工具。

表6.6　学习者档案

参与知识的概念	师生之间互动的建构	引导性问题	最初可以采取的行动	优先的反馈计划
心态	动机	你可以采取什么机会去探索，取得或接受新的挑战？		
	掌握	为什么迷失于学习和坚持一项任务很重要？		
内心对话	效率	接受一项导致相信你可以做到的新的或具有挑战性的任务时，你会对自己说什么？		
	反馈	如何使用提供给您的反馈？ 你准备如何给反馈？		
自我决定	所有权	当你在你自己的学习中获得力量，为什么会感觉很好？		
	自主权	你可以影响什么导致你产生动机的决策？		
文化	目的	你的目标是什么？		
	承诺	如何显示你的承诺？		

表6.7 教师眼中的文化

技能和性格支持“我们通过目的致力于比自己还伟大的事情”的目的的核心部分	文化始于坚固的人际关系和信任接受的文化。		
	技能/性格	**定义为**	**这样的教师会支持**
	沟通 “我们欢迎他人的观点”	用恭敬的态度传递并分享观点、想法和感受，“避免过度泛化，扭曲变形和缺失”。	提问开放性问题，教会学生不只“说出更多相关的……”来了解一个演讲者。 教会学生用提问来理解他人的观点。 深入聆听，教会学生相互深入聆听。一项练习可以让学生们轮流当演讲者、聆听者和观察者。
	解决问题 “我们在做重要的工作，正在寻找解决问题的办法” 解决问题时大量思考的学生面对难题时更加小心，道理更加精准	使用技能、策略和资源的能力，找到正确的解决办法，或者是更加复杂的、有创造性的、有洞察力的、思考周全的、准确的或有效的解决办法。	努力建立挑战和支持的平衡。 帮助学生理解表面上知道答案和要求深入理解的问题解决，要求不同的技能和策略。 意识到各种评估任务的严谨程度，让策略教学和建构与帮助学生培养解决问题的技能相一致，这样的问题很复杂，开放性，还可能有多于一个答案。 让学生开发真实联系实际并应用于实际的难题。
	应用 “我们将要应用自己的所学”	运用学过的知识、事实、技术和规则，用不同的方法解决问题。	给学生应用新知识来解决真实问题的机会。 围绕重要概念建立课程，孩子们可以把概念与重要的内容和问题联系起来。
	同情 “我们能够强调并看到他人的感受”	为了了解他人的感受，激发人们帮助他人的想法。	模仿同情心，对学术水平较差的学生表示关心。 分享生活中体现同情心的故事。 使用书籍或历史人物或现在人物，来指出同情心的例子。…… 寻找一种方式，把服务学习的项目和你的课程结合起来。

表 6.7 续

	技能/性格	定义为	这样的教师会支持
技能和性格支持“我们致力于学习并通过承诺表现出来”的承诺的核心部分	影响 “我们对比自己大得多的原因感兴趣”	理解为了更好的未来，如何和他人一起工作；核心技能包括建立信任，看到他人的长处，言行一致，表达观点，做出妥协，鼓励并和他人产生联系，自我坚持。	建立信任的社区。 让学生在早会或指导教室里分享好消息，积极的轶事，或是对同学的感谢。 证明并模仿自己对于学习和坚持的很重要性的承诺，不管有多困难，也要顽强取得目标。 建立对彼此学习的承诺；把它写在纸上，并且签名。
	意识 “我们理解他人”	感受自己与他人的感情和观点的能力。	使用书籍谈论角色的感受，书中哪些证据允许学生知道这是真实的。 通过意识到管理问题和学生对参与的需求，在教室里展示时髦的事情。 通过口头上分享认知他人如何感受和共鸣的能力，来模仿意识。
	顽固 “我们将要解决它——无论是什么”	坚持的心态，能够放弃其他机会，为的是随着时间的推移而完成一个目标。	给学生们一个每天重新开始的机会。 帮助学生培养成长心态；想法就像肌肉，有了实践的肌肉会更强壮。
	恒心 “我们将要利用不同的策略，直到圆满完成”	即使面临挑战，也要坚持一项任务，直到完成它。	通过有意义的问题作为回报，聚焦于本质动机和坚持。 教给学生故意实践的组成部分。 模仿并鼓励控制的内部轨迹。 使用失败了但是继续尝试的人的故事（历史上的，当前的，虚构的，或他本人的）

表6.8　支持充满热情的学习者的目的和承诺的内在条件

	无视	服从	参与	充满热情
沟通	我们充满攻击性,充满负能量,有时进行小组沟通时会厌烦。	我们在用摆脱麻烦的方式进行沟通。	我们用一种有礼貌的方式分享观点、想法和感受。	我们通过自己的目的，致力于比我们自身伟大得多的事情，我们通过沟通、解决问题、应用和展示同情心的能力来接触学习。我们一贯建造一个诸如计划、做法、研究的框架，应用于工作中。
解决问题	没有真正尝试解决问题，就已经放弃了。	我们解决问题，为了完成作业。	我们使用数据，提出一个问题来解决。	
应用	分离的概念和技能让我们感到更舒适。	我们把信息应用到完成作业当中。	通过用不同方式应用知识、事实、性格或规则，来解决问题。	
同情	我们投入对自己的感受中。我们追随自我，基本不会花力气理解他人的感受。	我们对他人很友好，有需要时会帮助他人。	我们理解他人的感受，当我们感受到他人需要帮助时，我们就想办法帮忙。	
影响	我们对于了解他人和问题还不够投入，没有任何影响的平台。	我们能够做到必须要做的事，来完成任务。	我们和他人共事时正在理解。我们追随自己说的将要做的事，提供观点、妥协，聚焦于他人长项而让他人变强	我们致力于学习，通过承诺表现出来。我们通过影响他人、韧性和坚持，创造自己的意识，来接触学习。
意识	我们关注于自己，对社会几乎不关注。	当有人询问时，我们能够反思他人可能在一个具体场合的感受。	我们能够接受每一个人的感受和看法。	
顽强	我们尝试解决问题的办法，如果行不通,就放弃。	当有人询问时，我们能够努力解决完成任务的另一种方式，或达成一项目标。	我们能够坚持一项任务，并找到额外达成目标的方式。	
坚持	我们发现自己在这项工作上过早放弃了，尤其是任务艰难的时候。	当有人询问时，我们能够继续尝试。	即使很有挑战性，我们也能够坚持一项任务，直到完成它。	

注意事项

·街区、学校、教师在报告卡上的评估倾向。

发送给学生的消息可能就是，要么你有这样的倾向，要么你没有。这会给学生带来怎样的感受?

·教师或家长高估了个人技能或倾向，无论是正面还是负面，最终导致一切倾向的受限都会综合增长。

如果没有利用四大支柱，通过奖励或惩罚强制产生倾向，这个学生可能还没有真正内化这种倾向。

·请注意，倾向一旦破坏或消失了，就更难教会。

研究员莉莲·卡茨，分享了一个例子，倾向可以通过适当的支撑变得更强大，也可以因为支持环境的缺乏而削弱。

要相信，倾向可以在学生的学术和未来职业中发挥显著作用，这将是我们义不容辞的责任，考虑教学实施和进一步调查是否适用于完整的教育体系，例如辅助课程、启发性的指导模型以及家长教育。如果这些领域得到加强，聚焦于学生参与和倾向，教育体系会再次愈发智能地而非艰难地运转。将倾向性和培养充满热情的学习者的模型与相关的学习合并，会让学生们真正走进准备就绪的大学、职业和生活。

文斯·隆巴迪（Vince Lombardi）曾说过，要取得成功，一个人必须给自己的兄弟和同事以有效的影响力，完成任务的程度取决于他的个性、热情程度、内心燃烧的火焰以及把他人的心吸引到自己身上的磁力。

人们的影响与应用在互动、想法和观点的倾向有所关联。倾向性是情绪参与、行为参与和认知参与的基石，并创造了个人终身学习的条件。

9. 文化如何支持充满热情的学习者

为了21世纪的工作，创造一种文化和设定参与的基调，允许学生们学习技能和策略。当人际关系建立起来后，教室文化便让学生能够提问，冒险，他们准备进入一个自己有贡献的世界。

成功的企业正在寻找亲自动手贡献者，自由分享想法和意见以及组内或跨组协作。当学生有机会在自己上学期间学习技能和策略，他们将准备以相同的方式为自己服务的社区做出贡献。

第七章　高层次改革

一个和我们一起共事的教师列举了一个漂亮的例子，证明我们需要筛选区域法案的优先次序。在战略规划过程开始前，教师在调查中分享了这样的话："我从不知道会怎样。在我看来，每一个法案都很重要。聚焦于很多法案，实际上也从未真正聚焦于哪个。最后，都是一片混乱。"

这个地区没有按部就班和一成不变，而是减少聚焦，筛选了区域法案的优先次序。这个地区有一个信息灵通且深谋远虑的领导团队，他们是强大的研究者，并学会了各种最佳实践的专业知识。总的来说，他们没有看到自己不喜欢的改进法案。他们的目标似乎是定位于"一切都在进行中"。改进工作的范围在扩大，内容开始综合，这个问题显而易见。接着进行下去，任何法案都取得了一些进展，但缺乏大量实践和实践精度。首先，即使是早期接受者，也提出了异议。随着时间的推移，额外的任务和可选的实施策略增加，追随者开始变得气馁。早期接受者和其余的教师结盟，对抗地区办公室的意愿。

该区通过举办教师听证会，在会上概括并验证人们关心的问题。在教师反馈的基础上，由政府做出有意识的选择，把聚焦于学生参与的法案放在首位。因此，通过聆听和协作，该区的重点得到恢复，教师们开始参与到他们认为有意义的工作中。"培养充满热情的学习者的框架"里的信条——成长心态、内省对话、自我决定、文化的汇合——作为实际的过滤器，让教师把有意义的工作放在首位。

从全国范围来看，目前的景象可以描述为在教育上的革命。当前监视资源、期望、政治关注和问责制，包括学校报告卡和大规模评估模型证明，这已经是一场革命。这种景观造成一劳永逸的补救，让人感到不知所措，困惑迷茫，疲惫不堪。在此背景下，改革者比比皆是。三种类型的改革者分别是责任驱动、创新驱动、有成就的改革者。表7.1详尽地介绍了这些改革者类型。

我们认为，有成就的改革者获得追随者更多的尊重。责任驱动的改革者只会引发事务性的变化。事务性变化的特点就是有需要完成新的工艺和步骤，但是过去使用的潜在信条和核心技能保持不变。改革者的目标是做出改变，让成年人超越新的工艺和程序，确保学生得到更新颖、更吸引人的学习体验。部分领导的行为可能会产生结果，但是很多情况下，这些都不会持久。创新驱动的改革者可能会发现，预期结果可能很快功亏一篑。提高学生赞许的改革者就是有成就的改革者。

图7.1　信条

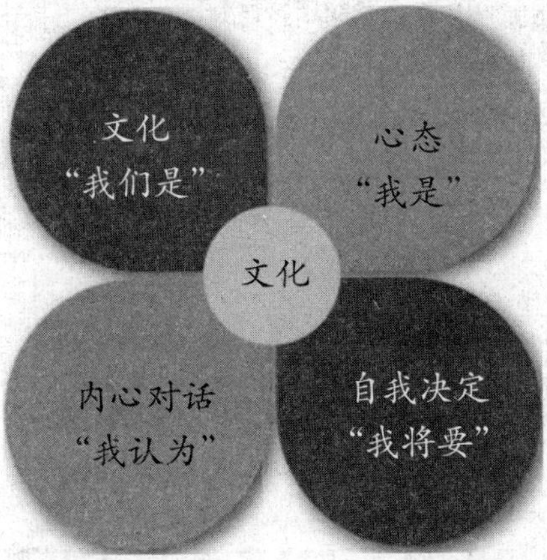

表7.1　改革者的类型

改革者类型	责任驱动型	创新驱动型	成就型
现有特征	测量，排名，分类。	相信每一个新过程都有价值——什么都要做。	真正以学生为中心。

表 7.1 续

改革者类型	责任驱动型	创新驱动型	成就型
例子	大规模评估，学校报告卡，教育工作者的效果。	拥抱每一个新的法案，但一个也不实施。	把学生看作顾客。
这么做的基本理由	对重要事情的测量。	能力超群——一切都可以做到！再给我更多！	参与了的终身学习者。

1. 作为高层次改革过滤器的学生参与

学生参与是改革的过滤器，这一话题有意引发一些不同的对话，也是应该发生的对话。托尼·弗龙捷和吉姆·瑞卡保分享了需要提出的核心问题，从而以学生能注意到的方式转型变革。如下问题可以把对话引入更深的层次，授权所有利益相关人聚焦于正确的工作：“在培养学习途径方面，怎样让学生和成年人一起参与？”

学生参与成为改革过滤器，它的力量惊人。我们不再在技术上一一对应，因为相邻的地区不再这么做，不再因为利益集团的压力而带动法案的通过。我们仍然可能被迫做别人指示的事情，但我们可以决定法案适合改进的地方。在下面的案例研究中，我们给出了一些事务性改革的例子和具有变革本质的改革，挑选这些改革也是为了学生的学习着想。

第二个变革的例子是关于以社区为基础的学习，是一场最佳实践和教育主张之间有意识的联姻，共同为学生考虑严谨有力、目的明确的学习体验。

2. 案例学习：事务性改革和变革性改革的例子

案例（1）

事务性改革的例子

某地区了解到，一些学校正努力使用不断改进的模型。考虑到这是他们工作的中心，他们开始努力训练许多愿意花一周时间投入这项计划中的工作人员。自愿接受培训的教师和管理人员学习了可以使用的策略，吸引他们的学生和教师参与到学习过程中来。整个地区的几间教室使用了一些策略，看到了给学生学习自主权的益处，然而同时，在其他教室和教学楼里的知识基础和对话没有改变。不幸的是，变革过程中的学生缺少了某个核心改变。

该地区利用一些改进策略，但未能采用一个听取学生声音的体系，该体系也未能努力确定为什么该组织没有在教室层面产生影响。改善计划启动，但是到了反映进展的时候，只有政府在场，谈话中缺失了最核心的声音。

资金已经投入到了接下来的培训，该地区只有几间教室继续接受了培训，但没有一个有意深入其他教室的计划。这项工作取得了一些进展，然而，最显著的缺点是，该方法从未让学生内化工作的重要性。从学生的视角看，他们没有参与。实施计划未能解决一些关键问题：影响学生的热情、养成自己的生活技能并在制度上波及所有教师和教室。

变革性改革的例子

威斯康辛州梅诺莫尼福瀑布学区的持续改进工作得到了社会公认。这是体系驱动、学生参与的改进实践的一个绝佳例证。他们的持续改进做得很好，精确定义了正确的行为，从学校董事会到单个幼儿园的学生的每一个组织层次都在努力根除不良行为。在梅诺莫尼福瀑布的教室完善过程中，教师和学生之间的反馈回路已经变成意料之中，像家常便饭一样。你经常会看到一些小孩子叽叽喳喳地跟教师讨论接下来学什么。

学生内心对话和元认知是改进中小学教育过程的驱动力。教师和学生以同样的方式模仿成长心态，好奇心、阴谋、冒险、独断成为普遍现象。这是一个例子，在这个过程中，学生参与是参与持续改进决策前端的过滤器。此外，学生学习、开发与掌握的技能和当地商界期待成年人掌握的技能是一样的。

主管帕特·格雷科博士（Dr. Pat Greco）留意了组织中每一个人，观察了他们是如何接受培训并重新定义行政人员优先权和指导教练位置的，以便专注于模拟这些策略。

案例（2）

事务性改革的例子

看到社区的学习参与度不断增加，作为一种实践，某学校决定与当地的贸易伙伴合作。怀着极大的决心，每个人都想知道合作如何惠及彼此。一个实地考察计划带着高年级的小学生参观当地的企业，学习实际工作的不同方面以及在那里工作所需的技能和其他准备。商业合作伙伴喜欢学生来参观，作为回报，他们要求学生在假期中回来，在午餐时间给员工们唱歌，他们甚至还组织了面向全体学生的午宴。

虽然经历是难忘的，学到了很多，但是它没有直接涉及课程，学生没有拥有任何的被动体验，这种体验在那天之后就没有持续。经过进一步的分析，甚至存在更麻烦的事情。每所学校的体验都需要时间，而时间在学校和贸易伙伴的生活中都是一件珍贵的商品。当歌唱和午餐都结束的时候，双方的合作伙伴觉得好像他们刚刚完成了一项伟大的工程。这种体验可以是更有价值的体验的很重要的出发点；然而，当他们给合作伙伴完成的感觉，时间可以花得更值得吗？学生们是否学会了准备所需的严谨、活力和相关性？贸易伙伴是否留下这些公共教育能力中带有低信任的体验，来做被视为非常重要的事情？

变革性改革的例子

当我们向一组教师介绍了社区学习者（CBL）的概念，并内化到学生和新兴伙伴关系的共同利益后，他们极感兴趣，并立即开始筹划怎样把这种改革带入生活。该小组的信仰体系是所有学生都能更好地在极为严谨和相关的社区环境里学习。要做到这一点，教师需要变革。他们的任务是，更好地吸引学生，并通过内容，交付和相互产出的合作，创造一种社区感。

使用基于项目的模型，并再次强调与社会和课程标准的合作，教育工作者和社区成员加入到如何更好地激发学生的设计中来。由于所有利益相关者内化了学生的利益，教育工作者和社区成员都可以看到在教育成长中基于社区的方法获得了支持。结果是营造出一种环境，学生在这种环境中掌握了如何真正为大学、职业和生活做好准备。

学生研究课题，全面了解问题，是为了采取行动。然后，他们承担了课题的研究任务，发现了倡导、提高认识、促进慈善事业或服务社区的方式。在这些社区伙伴关系中的学生行为增加了学生的学习动机，也对社区生活的某个方面产生了影响。这种体验在学生展示到成为真正观众时达到了顶峰，学生们在社区志愿者的面前进行展示，进一步把社区学习延伸至更多的观众。学生准备向社区进行正式（总结）展示，这种反馈非常宝贵。

社区项目实施以来，学生们相聚在研讨会上，从其他同学的经历中学习额外的重要概念。在研讨会上，学生有机会自我指导接下来的学习，并体验课程的另一个层次。随后，学生对学习进行反思，从而指导了教师第二天接下来的教学步骤。

教师们注意到他们对学生讲的语言，让学生觉得被赋予了权力。在社区学习者的教室文化中，学生感知情谊，对社区、他人和自己的生活都产生了影响。

在上面的例子中，留意作为改革过滤器的培养充满热情的学习者框架，很好地服务了领导和改革者。一些行为开始就用心良苦，以极大的精力推动，最后仍差得很远，导致挫败，而另一些行为，作为改革过滤器的培养充满热情的学习者框架，改变了改革努力的信条、策略和结果。学生想接受挑战并参与，如果改革不允许这样做，学生看不到预期的价值，失败也就不足为奇了。

学校领导面临一个难题，那就是，当今教育难题的解决方案似乎过剩。我们面临的每一个挑战，包括设施、学校安全、教学体系和品牌，都有一个声称知道领导所需答案的声音。实际上，我们需要的是一个过滤器，帮助辨别哪些改革最可能启发学生并获得最佳效果。

3. 决定高层次改革策略的考量和启示

内化低层次与高层次改革之间的差异，可以快速看到对学生的影响。低层次改革延续了目前学生参与下降的情况。相比之下，高层次改革把学生参与看作改革任务的中心，这对学生非常重要。

一旦识别出高层次改革，将需要一个过程，从不同的可能性转移到有行动力的步骤，这是个不错的选择。之所以说它不错，是因为它聚焦于成长心态、内心对话、自我决定和文化。表7.2提出了支持这项工作的流程。

我们生活和工作在有史以来最有趣的时代：宣扬教育的时代。我们中的太多人活得很困惑，同时也很麻痹，部分受到经济、政治和教育观念大变革的驱使。众所周知，审查、法案和问责制的整体形势不太可能在短期内改变。看一下当前的紧张气氛和法案的超负荷，想想看吧，“我们好可怜”，抑或者说，“我们得到了什么样的机会？”现在，自己的成长心态是必要的驱动力，因为这是让消息灵通又热切渴望的人产生影响的时代。

在这个挑战职业的时代，我们提供了一个完善的解决方案。我们必须充分理解这样的环境和整体形势，了解是什么在驱动充满问责和法案的行业，了解培养充满热情的学习者的框架，把这个框架用作开发或选择高层次改革的策略的过滤器。使用充满热情的学习者的框架作为高层次改革的过滤器，就是在确保以学生为中心的未来，而不是法案、问责或更糟的某个人的宠物计划驱使的未来。用最简单的形式，一个基础但有效的过滤策略就是按照作家托尼·弗龙捷说的：“如果所有的任务都枯竭，什么是对学生重要到我们仍然会选择坚持的事？是什么让一个想法或策略值得继续花时间呢？”

令人兴奋的教育社区，致使教育工作者和学生都对内在动机产生了新的认识。留意目前学生不参与的情况，部分来到法案和问责的时代，已经成为本书的力量。笔者特意创建了一个重新激发领导、教师与学习者的论点和体系。与本书信息相关的教育系统的利益相关人，将创造让工作更便捷，而不是艰难的条件。激发起一个对学习充满热情的新学习者群体，明显是一个更智能的工作策略。拥有了引发个人热情和参与的经历，会让我们学到更多更好的经验。事实上，有一个难以置信的机会，改变这个行业，并最终显著地增强学生的热情。

表7.2　决定高层次改革的建议过程

学校领导进行组织实践的广泛评估，并有意识地选择把重点放在学生参与上。
学校领导分析参与评估结果，来确定方向。
学校领导考虑进行以学生为重点的改革方案的不同的复审。
学校领导缩小可能影响学生参与的范围。
学校领导选择改革战略，同时也要谨记培养充满热情的学习者。
学校领导建立目标，并确定一个起点。

第八章　引领防止厌学的变革

20世纪70年代是一个雇佣并感激有能力的学校管理者的年代，他们是一群欣赏努力工作、长期工作、管理学生行为、稳定教育机会的高素质的人，为的是造就全面发展的年轻人。

纵观下一个30年，学校管理重点成为基本的领导期望，因此学校行政人员可以把重点转移到有引领作用的教学上来。在此期间，对一些人来说，过分强调大规模评估致使教学领导的期望和行动形成。有引领作用的教学包括如下工作：与评价标准相一致、规划和管理大规模评估、撤销社区数据、教师会议聚焦于响应结果。

同时，聘任下一任学校领导小组成员的特质、能力、经历和期望都取得很大进展。申请下一任学校领导时，在核心内容、教学效果、数据的使用方面熟练掌握以及是学校改进规划团队的贡献成员的教师，具有优势。在更清楚地理解内容标准、构建各个年级的学习目标、将数据用于教学、辅导和规划以及专业发展和改进计划的书面计划方面也取得巨大进展。也许学生参与的焦点领域并没有得到足够重视。在这个时候，教育行为主要在于学生，然而学生并没有发言权。

尽管如此，进步的幅度却仍令批评者、改革者不满意。聚焦于有引领性教学的那段时间，为了响应改善学生学习行动的号召，制度、结构和法案都进行了调研、尝试和执行。很多预期良好的制度和结构实际上导致了最终启发学习者的行为方式。 20世纪70年代的教育管理者以及随后的教学领导们都在努力工作，想为自己的学校做正确的事。这段时间缺乏的是一个完整的专注于学习者自身的教学目标，更具体地说，缺乏一种注重启发学生、让学生能够对学习充满热情的领导。

下一代学校领导的工作重点必须转移到学生的参与度上来。领导者的行动及其组织的能量必须直接转移到学生的热情上面来，转移到受鼓舞、有上进心的学习者所必需的知识上来。领导可以让学生看到，他们参与进来后更有上进心，更善于学习了。领导者优先考虑的工作要围绕学生的参与度，这至关重要。

表8.1和表8.2是留心培养与不留心培养充满热情的学习者的例子。预期的结果取决于改变学生参与地位的承诺。

表8.1　聚焦于学生参与

不留心培养充满热情的学习者的特点	留心培养充满热情的学习者的特点
学校改进计划重点强调了行动正在进行。 可见的反馈只是单向地从教师到学生。没有考虑反馈回路。反馈不包括培养充满热情的学习者的框架中的词汇。 进度监控仅仅着眼于学术成长，学生性格不予考虑。 干预计划只专注于底线的学术成长。 管理员评估强调的是改进计划的美化属性。 数据撤销，随后的职业发展计划反映发现的学术缺陷。 学生的参与不是数据撤销的核心。 没有关注学生的声音。 与学生的对话似乎没有随时间而变化。 被问及的学生会说，他们很顺从；不过，在学校发生的事情很重要。	关注教师的性格、技能和内部条件。员工和学生都学会了培养充满热情的学习者的框架（认知参与）。 监控学生在性格、技能、内部条件和整体参与的状态，并让学生知情（行为参与）。 教师的反馈注意到相对于个别学生状态的言行（情绪参与）。 研究文化和背景，知悉对话和行动，并激发学生的动机（情绪参与）。 社区伙伴关系意识到了培养充满热情的学习者的框架，导致通用词汇的认识(行为参与)。 在教什么、怎么教、怎么评估、怎么从数据知悉互动方面的对话和选择中，培养充满热情的学习者框架（情绪参与）。 严谨有力和相关的学习选择之间的联系清晰并形成惯例（认知和行为参与）。 校长定期和教师一同检查学生的参与状态（情绪参与）。 学生主导的会议侧重于成绩和学生的参与地位，相互包容（情绪、行为和认知参与）。 管理员和教师明显有意识地和不同的学生进行各种谈话，倾听学生的想法和需求（情绪、行为和认知参与）。

表8.2　连贯的控制和领导

主管不够留心培养充满热情的学生	主管留心培养充满热情的学生
该委员会努力工作，多次召开会议，甚至参与学校功能。然而，学生的问题和需要在董事会会议上很少讨论。 成年人的事务历来在学生参与方面都是有限的或不存在的。 有关现场改善计划的讨论不邀请学生，而这些计划正好和学生关系紧密。 董事会和管理者似乎没有意识到与培养充满热情的学习者相关的基于研究的最佳实践。 不考虑致力于学生参与的资源。 与政策、财政、人事和危机有关的工作压榨学生参与的空间。	董事会和管理者例行讨论学生的兴趣、需求和声音。 学生纳入改善计划。 董事会已熟知创造充满热情的学习者框架，并使用现有的常用词汇。 基于学生的参与度，每年分配资源。 董事会成员的提问和对话显然已经转移；例如，如何将这一举措影响学生的学习动机？

培养充满热情的学习者的框架会过滤领导的行为，让人更专注于有效的教学，并与我们的学习者进行一场不同的对话。

1. 变革性改变和学校领导系统工作的计划

领导往往在日常工作中面临各种要求和选择，变革型领导拥抱学校的改进计划，对不同的可能性做周到的审查，并选择最能够启发学生的一个方向。变革型领导努力促进学生参与到现有的课程、教学、评估和辅导工作中来。变革型领导通过一系列研究、规划、试点和程序评估把工作排入日程，最终按照规划开展启动工作。

变革型领导可以促进教学领导。在教师的眼中，变革型领导完全着眼于当下，谈论学生和学生参与。变革型领导和教师们进行宝贵的面对面接触，完成以学生为中心的意义深远的工作。教师们看到变革型领导愿意投资他们，重视成年人的学习。教师知道他们的观点与参与受到重视和欢迎，增加了日常工作中深入对话的机会。变革型领导相信，营造创新、信任和完善的文化，需要拥有可分配的领导力。

变革型领导分析重要数据，并协调后续的职业发展机会，建立包括教师和学生的参与状态在内的可靠性数据系统。教师拥有变革型领导进行短周期评估的充分知识，调整方案使质量得到提高。变革型领导确保改善讨论在组织的各个层面发生，让所有员工看到愿景和数据，并可以帮助告知下面的步骤。专业学习计划是真正地以学生为中心。领导和教育家的发展显然与不断增长的学生参与度相联系。如表8.3所示，转型变革策略包括强调培养充满热情的学习者，并可用于指导领导者的思想和行动。

表8.3　转型变革策略

领导打量环境，强调培养充满热情的学习者。	领导努力加强关于学生参与度的区域前瞻性，逐步取得成功。	领导吸引利益相关人承诺培养充满热情的学习者。	领导采取变革型行动，对于提高学生参与充满信心。	领导拥护培养更多充满学习热情的学习者，同时保持改变。

表8.3所示的建议将获得利用学生需要的变革型改变。在变革型改变中，重要工作中潜在的信条就是不断进化，让意图和行动得到学生们的承认。

2. 行动中的变革型领导力

卫生保健和教育领域的作家、领导和改革者昆特·斯蒂德（Quint Studer）出版了大量专注于提高制度和制度里工作的人的书籍，他的以证据为基础的领导工作概述了一些具体的信条和行动，比如，如果员工尽职尽责，很容易取得成果。斯蒂德制定了记录自己改善工作的原则列表。为了讨论与培养有热情学习者有关的事，需要专注于斯蒂德作品的前两个原则：致力于卓越、权衡重要的事情。

卓越是领导和员工建立了满意度，并通过服务和运营效率的文化持续。斯蒂德联合珍妮特·皮尔彻（Janet Pilcher）和罗宾·拉格（Robin

Largue）在他们的《如何让教师成为伟大的人》（*How to Lead Teachers to Become Great*）一书中说，“教师测量的是学生的价值”。

对重要的概念模糊不清会伤害我们的信誉和目标。举一个例子，领导者行动很多都是模糊性工作，领导仅仅说我们致力于卓越，但没有定义什么才是卓越。定义卓越，然后朝着那个定义努力，对于清楚地提高追随者的期望必不可少。当我们留意到培养充满热情的学习者的框架以及如何把相关工作超越教学体系的主要看法，对于卓越的定义就会变化。利益相关者对于我们在努力做什么的看法变得愈加清晰，成年人的参与也变得更加可能。未来的领导人必须坚决指出，培养充满热情的学习者就是对卓越定义的中心，并朝着这个定义努力。

变革型领导人鼓励教师对学生学习产生更深的影响。反过来，教师也在激发学生参与中发挥显著的变革作用。关键是，教师要了解学生在行为、情绪和认知影响的状态。有多种工具可用来衡量学生的参与状态。通过测量个体的参与状态，建立具体的目标和可操作的步骤，增加学生为了提高参与状态所需能量的感知价值。有多种工具可用来衡量学生的参与状态。我们的建议是使用合著者托尼·弗龙捷开发的调查工具。此工具的调查问题深入钻研个体学习者的行为、情绪和认知状态。以下是这些调查项目的抽样。

- 在我的课上，我需要创造性思维（认知）。
- 在我的课上，我可以对完成的项目做出选择，或对于学习内容做出选择（行为）。
- 我的教师对我的想法和观点感兴趣（情绪）。

这项调查直接关系到培养充满热情的学习者的框架。其结果是，告诉学生多实践，增强学生参与度。如果想要获得完整的调查，那就最好直接找到托尼·弗龙捷本人，向他寻求帮助。

拥有和使用刚才讨论过的数据很重要，然而，仅靠这些是不够的。正如任何成功的努力都需要更深入的探究制度，进一步支持教师在课堂上的需求。本章的以下内容对学校层面和区域层面的领导给出了具体行动建议，这些建议实际上适用于两个角色，并提供了必要的支持。

3. 影响领导对学生参与更高的承诺

（1）学校层面

学校层面的领导面临如何度日的多种选择。优先选择对改善工作最具影响力的行动，这是至关重要的。此外，决定这些优先事项如何产生最吸引学生的行为，将塑造领导未来的工作，特别是校长在心态、内心对话、自我决定、文化等领域的行动。

了解并重视心态的校长会强调心态，因为他们擅长做这个工作。这些领导充分意识到了教给学生成长心态在师生之间创造努力文化的重要性。这些领导创造机会让教师评估他们的心态，讨论把心态转变为成长心态，再让学生模仿。通过自言自语，他们分享了自己的内心想法以及如何积极改变内心想法。通过定期的教师会议和一对一的交流，校长既可以了解他们的期望，也协助教师，确保学生的理解和心理状态得以监控，并做出适时调整。

要着眼于内心对话，就要求校长一切准备就绪。所有利益相关人需要了解反馈的重要性和影响，我们选择对学生说的话以及这些话的重要性。当学生在内心对自己说，“我能做到这一点”“我需要学习这一点”“我需要为了未来而行动”“自我导向的学习完全取决于我”时，学生们就理解了为什么他们的自我对话很重要，接着就可以直接积极地自我对话。

此外，观察聚焦于教师反馈的校长，能得到提高的认识，关于教师在典型课堂上最常使用的反馈类型。当校长分享他们所收集的反馈数据，并给教师反思的时间，并合作给出数据和探究式反馈，从而增强内心对话。和教师们一道，内化并根据我决定来行动的校长，模仿学生的重要条件，这一步走得很对，自我决定的进展必须从教师的理解开始，理解为什么给学生自主权对于指引学生取得成就至关重要。与教师携手并肩一起工作的校长，确定目前学生的参与水平，并致力于增强这种参与，他们了解，自主学习者会更好地参与。他们进一步了解到，在学习中有所有权的学生会更好地参与。校长支持不断提高教师观察学生自主学习的能力，而且支持增强学生权利的教师行为，这样的校长有很大的机会来改变学生对于自主支持的教师的认知。

文化的概念很杂，包含了“我们是谁”和“共同的学习环境”。由于学生参与的影响，使得校长意识到倾向于文化的需要，以一种对学生可见的方式把教师带入。文化是心态、内心对话和自我决定的最终结果。在最近一场关于学生参与的演讲中，一位校长发表感想，讲到他营造这种文化的第一步就是更好地通过名字、背景和兴趣来了解每个学生。有了良好的开端，他建议每一个员工做同样的事。在一个期待并支持学习、心态、内心对话、自我决定的条件对师生都可见的文化中，学习变成了学生深入参与的结果。21世纪的学校领导将学生的学习文化转变为真正的参与。

学校改善计划把学生参与作为工作的重心，聚焦于必要的学生支持结构，以便让更高的学生参与度成为当务之急，并且可以实现。更具体地讲，现有的许多改进计划重点放在数学和识字上。努力提高成就，缩小与工作计划的差距，这样的校长有更多机会吸引学习者。

例如，反思一个你当前可能会用于数学或识字上的目标。嵌入一个来自培养充满热情的学习者的框架的早期行动步骤，比如内心对话。领导正在影响信念，强化目标。

学校的教学领导者需要留心培养充满热情的学习者。学生的参与是工作的中心，是思考和决策的中心以及他们在多方面行动的中心。

校长可以采取七个步骤，培养充满热情的学习者：

• 大规模评估：在适当的时候，对任务和其他措施提供更准确的结果预测。

• 学校改进计划：通过学生参与来过滤计划。

• 专业发展计划：无论法案怎么改变，学生的参与度仍然是所有努力的主要焦点。

• 数据库：定期把学生参与的数据与成绩数据相关联。

• 教育家评价：期望，观察，以及反馈注重于学生的参与。例如，如果你的教育评价模型是夏洛特丹尼尔森教学框架，要达到四级必须完成四个充满热情学习者框架中的条件。四级的预期是学生在学习过程中拥有更多的所有权。此外，对教师的预期是故意使用产生积极反馈的言语，这些话可以让学生在学习中不断前进。

• 进展监测：学生参与是日常进展监测的中心。

• 专业学习社区（PLC）：提高学生参与是专业学习社区进行调研、讨论和采取行动的中心。

丹尼尔森（DANIELSON）的教育框架

教学的框架以研究为基础，由夏洛特·丹尼尔森开创的几个部分组成一个整体，这个框架作为和教育工作者关于有效的教学实践进行反思讨论的方式。这个框架由22个分散在四个领域的部分组成，红色标题标着等级一到等级四。

正确的改革重点必须在学生参与上，改善工作的进展情况可能是显而易见的。但是，如果我们漏掉或不够重视学生的参与，我们将无法充分改变作为个体的孩子。对于聚焦于学生参与的以学生为中心的领导力，承诺很有必要。芬兰的奥克兰的斯通·菲尔德学校校长莎拉·马丁（Sarah Martin），强烈关注学生参与。马丁分享了几个关键问题，每个来学校的成年人都会问到这些问题：“如果没有强制要求，你的学生会来学校吗？”“他们来学校做什么？”“我们坚持做什么？”“我们需要停下什么？”笔者的立场是通过参与的知识来过滤每一个未来领导的行动和主动性。

领导应该有高度专注于人性化教学的领导力，持续努力加强教与学，而在同一时间专注于改变生活。改变内心对话有改变教与学、改变学生生活的潜力。留心了解学生需要的领导，是有意地期待并激发学生参与度的领导。

（2）区域层面

与学校领导类似，区域级领导面临罕见的工作量。而与此同时，又要掌控充满紧张气氛的整体形势。优先考虑这些工作对个人和组织的成功至关重要。同时，目标优选有助于领导更好地掌控目前整体形势的紧张状态。此外，通过关注学生参与度来增强优选目标、指明未来的发展方向将更得人心。

对于进一步吸引学生需求有见解的区域领导，将集中组织力量，聚焦于心态、内新对话、自我决定、文化的四个内部条件。相信心态工作的重要性，区域级领导行动明确，规划了工作以及学区的未来景象。他们首先作为培养充满热情学习者框架里的学习者，并就如何通过现有的系统最大限度操控这个工作而反思。他们期待立即融入学习环境，进一步采取行动，创造一种可能影响学生的活跃氛围。他们评估所知的通过系统解决问题产生影响最重要的手段，并开始部署过去用过的策略。策略包括和学校领导、教学领导以及学校董事会对话，创造建立目标的希望、均衡资源的希望、采纳专业学习计划的希望以及做好制度工作的希望，这些策略都会提上日程。

强调心态的学习和预期学校领导关注心态，可能会增加拥有成长心态的学生人数。见多识广的区域领导知道，具有成长心态的学生发挥更多努力，比思维定式的学生表现更优异，最终影响学生对自己、学习和生活都有截然不同的看法。

在区域层面，也应该关注内心对话。回想起一次，当一群校长参与一本书的选词研究时，一些校长笑了，认为这本书是一本无聊的读物。他们中有些人没有读懂它！安排这次关于培养充满热情学习者框架的重要对话导致了完全不同的反应。人们说，每个人在组织中使用的语言很重要，这是常识；为什么我们不总是这样做呢？

区域领导有如此大的权力来决定方向和项目重点。至于内心对话，区域领导可以预期，人们彼此给予反馈，用的词和我用在学生身上的一样。它们可以支持成年人学习计划，而成年人学习计划强调对导致元认知的反馈的深入理解。区域领导需要共享下面的目标：组织打算通过影响员工和学生的对话来监测成年人的注意力。区域领导应该开发让利益相关者自我评估并创造机会去反思的工具。这些工具有助于为组织设定目标，继续关注这些目标；然而，最终，与利益相关人的对话创造了改变组织的能量。我们知道，利益相关人必须相信诸如内心对话这样的事情，全心全意为学生实现最终利益。

所有权和自主权是自我决定的关键。当个人察觉到有人正在聆听并回答他们，他们感到自己的需求得到了满足，因此，增加了更多的内在动机，从而更好地参与到自己的工作或学习中。作为成年人，我们中的大多数更愿意接受自主的工作环境以及来自同事和主管的自主性支持。区域领导认同自我决定，因为大多数已经把这样的条件看作成功的核心。创建一个支持从区域层面模仿而来的自主性的工作环境，为所有成年人把这样的条件看作学生的天然利益奠定了基础。

宗旨、承诺和信任对于文化来说很重要，区域领导必须重视和培养一种激发学生参与、取得成功的文化。区域领导可以通过强调文化提高学生参与的突出案例研究来支持这项工作，也可以故意提出让校长展示教室文化的例子，这些例子已经演变成学生们相互支持学习。文化以及成长心态、内心对话和自我决定，将直接聚焦于培养充满热情的学习者。

区域领导的行动表明他们的首要工作是如何意义深远，而与此同时，也让整个组织聚焦于一点：提高学生的参与度。

区域领导可以采取以下五个步骤，培养充满热情的学习者。

·有意建立个人学习计划，关于培养充满热情的学习者的主体，为了传递未来讨论和行动的目的。建议把书本研究、专业发展会议、教师的咨询作为起点。

·要理解，一种变革型文化将对引发所需改变至关重要，具体而言，就是围绕着培养充满热情的学习者的四个信条的文化。

·一旦获悉了培养充满热情的学习者的真相，预期学生参与会成为区域和学校信条、计划、委员会工作、数据审查、进度监控和报告的核心。这种层次的关注将事业转移到制度层面，并增加了维持工作的可能性。

·把区域、建筑和教室的预算用于提高学生参与度。利益相关人看到优先目标具有的更大价值，这些优先目标拥有与研究和实施相关的资源。通过资源配置来创造成功条件的例子包括，书本研究、与培养充满热情的学习者相关的时间规划、教师观察合作同事的时间、辅导。

·通过把教育管理者和学校董事会的工作可视化，加强教师对于学生参与的努力。教师观察并了解了教育管理者和学校董事会聚到一起时都在谈论些什么。当社区内的董事会议程项目、董事会参观、董事会谈话要点反映出教师在学生参与方面重视的内容，全体利益相关人就会感觉好像这些事情比自己的事都重要。

校长和区域领导都可以采取以下五个步骤，培养充满热情的学习者。

·组织内的领导和教师之间，要在培养充满热情学习者框架的基本原理方面建立理解，培养充满热情学习者的持续专业发展规划就是，一个代表成年人学习进度计划的年度工作日程。

·创建教育社区内的通用词汇，在一个较大的社区和家长们一起，涉及培养充满热情的学习者的基本原理、发展策略、反馈、结果和共同的信息传递。

·利用社区资源来帮助培养充满热情的学习者的信息传递，引发事半功倍的效果。当学生们常规地看到企业和社区合作伙伴对学校关键工作的重视和加强，学生会看到大家努力培养必要的终身技能中蕴藏的更多价值。

·监测改善数据，查询培养充满热情学习者的框架与改善结果的相关性。这项工作把讨论的内容从单独的数据引到一个更完整的有因果关系的对话。

·评估组织的做法，确保给予培养充满热情的学习者框架以适当的关注。

下面是进一步对已经讨论过的学校领导和区域领导行为的探索。如表8.4所示，左栏是学校领导和区域领导的可识别的日常工作，比如，教育家效力、学校改善规划以及专业学习社区，而右栏则列举了从培养充满热情的学习者的框架角度看，应该如何加强领导工作。

如表8.5所示，作为学习者的你，应该如何从其他优秀的领导者身上学习必要的能力，它其实就是表8.4的延伸练习。

表8.4　从培养充满热情的学习者的框架角度看领导应做的工作

领导的首要行动	如何加强首要行动
领导首要计划	从培养充满热情的学习者的框架角度看，如何加强领导工作。
教育家效力	学生们在课堂上有发言权和选择权。在培养充满热情的学习者的框架中，学生在自我反思成绩差距以及成长目标。在性格方面，利益相关人之间存在高级对话。
学校改善规划	学生参与推动了学校改善工作的优先级，也影响了成年人花在任务上的时间。学生理解了目标，并受邀努力完成目标或解决问题。
专业学习社区	培养充满热情的学习者的概念框架，引领了教师对于学生努力的协同分析的讨论。

表8.5 从培养充满热情的学习者的框架角度看你应该做的工作

领导的首要行动	如何加强首要行动

4.引导领导关注学生参与度

行政官员选择的法案应该通过学生参与的过滤，来决定组织预期投入这些工作的关注程度。根据这一种过滤实践，学校领导迅将看到，如果预期行动对学习者很重要或者更糟，那么就会阻碍学生动机，实际上会让他们远离熟练掌握。表8.6中的内容将对协助领导提高关注至关重要。

正如前面说过的，领导的日常工作中充满了大量选择。把关注点聚焦于优先性上，就会有引起变革型改变的最大可能，缩小关注点从来都是最重要的事情。很显然，学生的参与是优先目标中的一个。然而，领导不能掉入对缺乏意义的参与进行简单顺从的陷阱，比如记录出勤率、毕业率和纪律情况。领导的义务就是确保关于情绪参与、行为参与和认知参与的对话，这些对于改善个体学生学习至关重要。

领导需要了解关注学生参与度的重要性，也要知道在学生自己设定下的参与状态。领导也需要形成体系的窗口，来识别、考虑并依照所有的相关变量。下面的问题可能会帮助你更了解提高学生参与的问题：

• 教师对于学生的参与度是什么看法？

• 学生对于自己的参与度是什么看法？

• 学生家长对于学生的参与度是什么看法？家长可能会把这种状态归因于什么？

• 个体学生实际的参与程度和状态是怎样的？

• 领导为什么不知道个体学习者的参与状态？

• 以学生为中心的领导为什么支持学生参与状态成为工作的重点？

• 为什么有些学生参与度很高而有些则很低？

• 为了让学习者重新参与，教师、学生或家长会采取什么行动？

• 教师对于培养充满热情的学习者的框架组成部分的知识水平是怎样的？

• 具体来说，教师对于该框架的技能、性格、内部条件和核心信条的知识水平是怎样的？

• 在日常教学、反馈学生、和家长的对话中，教师对于培养充满热情的学习者的知识怎样体现出来？

• 对于学校领导和区域领导，对于同样问题的知识水平是怎样的？

• 领导如何进行知识建模？

• 人们看到领导在谈论什么？

表8.6　学生参与的过滤

缺失的	出现的	完成的
1．学校社区和更大的社区分享关于学生参与的通用词汇。		
培养充满热情的学习者的通用词汇和学生参与不存在。	教育社区开始研究并采取一系列实施措施；然而，社区一般都没有意识到这些举措或努力。	教育社区和更加的教育社区通过成长心态、内心对话、自我决定和文化来证明学生参与。
2．学生参与成为领导评估的一部分。		
目前不考虑参与。	服从外部任务。	社区期待领导强调培养充满热情的学习者的框架中概况的信条。
3．学生参与在专业发展计划以及区域、学校和个人的计划中明确提出。		
专业发展最好服从于外部任务。	专业发展规划清晰明了地存在，但是和学生参与的联系还不明朗。	专业发展规划着眼于学生参与状态。
4．学生参与成为教育工作者评估的期望和反馈的核心。		

表 8.6 续

缺失的	出现的	完成的
教育工作者的评估活动关注实施的运作方式。	讨论逐渐把高教育效力与学生参与相联系。	学生参与是所有教育工作者评估讨论和决定的过滤器。
5．领导有意地在员工和学生参与方面投入。		
资源配置缺乏连贯的规划。	在不断成长的基础上，目前的资源配置受到质疑,优先目标正在重建。	区域和现场资源放在首位，并基于学生参与状态进行配置。
6．提供教师合作的时间，很大一方面聚焦于学生参与。		
教师在优先工作上进行的合作不受重视，而举措发生在教师身上。	早起的接纳者正在寻求同事。	教师领导驱动现存的创新文化和基于参与状态的改善。
7．利用学习者简介，了解参与状态。		
不存在学习者简介。	学习者简介存在，并用于一系列实践；但有意义的简介没有得到了解。	基于来自学习者简介的学生情绪、行为和认知参与状态采取行动，是标准的操作步骤。
8．区域持续改善规划受到当前和学生参与相关的研究和实践的影响。		
围绕学校改善规划的愿景、决定和行为很难找到。	学生改善规划存在；然而，首要目标仍然是制度和结构。	学校改善决定通过成长心态、内心对话、自我决定和文化得以过滤。
9．学校董事会的任务关注学生参与。		
长期董事会会议存在，然而，会议都被操作讨论占用。	董事会讨论在进行中，学生参与在讨论中提及。然而，即使最密切的工作也很难把讨论和真实工作联系起来。	董事会整体上监视成长心态、内心对话、自我决定和文化的策略，与基于结果进行努力调整的行政人员共事。
10．员工致力于自己的个人成长和转变，看到其余改善学生参与状态的相互关系。		
成年人的个人提高、个人转变和个人成长被视为和他人做得一样好的事情。个人转变和学生参与都不在探测范围内。	成功的人和区域正在接受研究。目前实践和期望实践之间的差距接受研究。正在实施的计划为了取得同样的成功。个人转变和学生参与之间的相互关系正在显现。	员工在他们的成长心态、内心对话、自我决定、文化和他们对学生产生的相同的影响中找到联系。

今天的学生对于学校的需要与以往大不相同。今天全球都需要学习者，而未来要求领导真正以学生为中心，领导应该打破常规，引领学生的道路。这种变化可能比某些人预期的更艰难，因为现有文化、制度、结构、常规和人们自身都是显著的障碍。

这种变化必须是本质上的变革，在培养充满热情的学习者的框架中，高度忠实于成长心态、内心对话、自我决定和文化。描述的整体形势和笔者识别的学生需求，要求呼吁这个时代中大多数教育改革也采取类似的行动。为什么要呼吁采取行动，为什么是现在呼吁？公众教育需要令利益相关者重振信心的行动，而在我们的职业生涯中，这种利益比以往都大。

随着各方面把聚光灯对准到教育领域，我们改善的窗口便维持不了多久。如果教育界不挺身而出，别人的改变版本将发生在教育领域，这可能无法充分利用学生的动机或学生的学习。外来资源将改变专业领域，只能进一步缩减现有体系和体系内的人的信心。教育工作者必须看到这是我们要解决的问题，必须看到他们的集体贡献同样重要。见多识广的领导性教育工作者才最能促进教育所需的变化，因为他们懂得学习参与是学习的中心。

笔者建议，在未来，领导应该有意把培养充满热情的学习者的框架和个人发展规划联系起来。当作为领导的我们完全内化了框架概括出的这些信条、技能和性格，并应用于我们自身的个人成功、局限和未来，那时，我们就对学生参与问题有了更深的理解。作为成年人， 我们的这种理解导致对学生更大的同情。当考虑到领导对学习者产生的影响以及双方都能够获得显著提高和成功时，这个框架以及其在学校的用途就呈现出了更深刻的含义。

关于卓越，教育工作者必须做得更多，而不仅仅是用嘴巴说。通过支持这些对学生来讲意义非凡的信条和策略，我们必须定义卓越，期待卓越，并且努力达到卓越。而这些策略包括理解培养充满热情的学习者的框架，并完全实施它。未来的教育体系需要有知识、有信仰、有策略的领导者，通过重新利用受到激发的学生，很快会得到截然不同的结果。

我们的目标是，所有的学生都相信他们发展技能和自主学习的能力。使用语言让学生了解心态的教师给了学习者内部动机的自主权。每个人使用的语言都可以影响学生心态，包括学生的自我对话。文化是共同创建的，每个人都应该参与其中。学生拥有了学习过程的所有权，就会让他们看到自己的能力，并因此影响他们自己的内心对话、心态和自我决定。当这些信念成为普遍的做法，一种让学生自我管理的文化就会建立起来。表现出相互依存的信念，学生们就拥有了培养技能的信心。

那么，这种引领和模仿是怎样的呢？它是贯穿于领导工作的看得到的新生活。人们注意到领导谈论的是学生们真实的问题，真正关于他们所学的问题、在哪里学习、怎么学习和为什么需要学习的问题。领导会留心学生的参与度将影响组织的方方面面，一般来说，领导会支持学习者思考自己目前的表现和想要的表现。这些领导将触及真正的对学习者个人很重要的心态、自我决定和内心对话。只有领导负起了责任，才能利用员工和学生需要的支持，为新兴的热情的学习者文化创造条件。

本书审查了落伍的教育，认为养成新的教育习惯的时机已经成熟。新习惯就是通过下面四个信条来重振学生参与。

- 心态：吸引学生参与并完成让他们产生积极性的任务，因为这会激发学生的好奇心，满足他们的需求，开发并掌握新的相关内容和技能。
- 内心对话：让学生养成富有成效的内心对话的习惯，内心对话是对于反馈的响应，也是开发新技能和策略的催化剂，这些新技能和策略可以提高学生的能力，在任何选择的领域都富有成效。
- 自我决定：给学生选择学习任务的机会，使他们建立起自己学习的所有权，并满足他们对独立性和自主性的需求。

- 文化：吸引学生参与一种致力于寻找问题的解决方案的学习文化，这种问题应该是孩子们认为有意义且目的明确的问题。

了解学生行为参与、情绪参与和认知参与的状态，具备提高参与度的知识和策略，这些都是旨在提高学生学习的必要努力。让教师们掌握加强学生参与的知识和技能，创建一个影响个体学习者的有力杠杆。在创建让个体学习者具备自己改变观点的能力的条件时，他们的态度和观点将会改变行为和选择。教育工作者需要站在学生的角度看学校，然后致力于培养充满热情的学习者的框架。这种变化将导致教育的转变，这种转变让人们某一天回顾的时候会说："哦，聚焦于教与学，而没有聚焦于学生参与的教育，是一种落伍的教育。"

附　录

努力跟踪者

我投入时间和精力，坚持挑战。								
我投入时间和精力。								
这次我不能投入时间和精力。								
任务								

每两周记录：我投入的时间和精力在______________________________方面得到了怎样的提高？

致　谢

丹·阿尔珀特（Dan Alpert）——谢谢你相信这个系列，谢谢你理解学生参与的重要性；

纳特·布赖特霍尔德（Nate Breitholt）——你在图片设计和艺术方面的背景令我惊叹，谢谢你和我分享你的才华；

维伯（Vibe）——你给了我第二个家庭，感谢有你一起的旅行；

霍克斯·泰勒教练（Coach Hoxtell）——你的辅导教会我人生一课。谢谢你牺牲自己，辅导了我们这么多人；

妈妈，恰克和我的兄弟姐妹们（Mom，Chuck，and my siblings）——谢谢你们鼓励的话语；

托尼·弗龙捷博士（Dr. Tony Frontier）——我欣赏你的洞察力，从不同的视角看事情；

唐纳德·维古特博士（Dr. Donald Viegut ）——谢谢你看到了我的潜力，你是真正的成倍激发我潜力的人；

霍利·普拉斯特博士（Dr. Holly Prast）——过去的这几年里，如果没有我的孪生兄弟，我会做成什么？你一直是我的啦啦队长、支持者和朋友；

赖安（Ryan）和杰克·布朗（Jack Brown）——谢谢你们牺牲了这么些年，我爱你们两个；

布拉德·布朗（Brad Brown）——谢谢你带着孩子去参加全部的足球练习和锦标赛，帮忙做家务，一直充满耐心，而我这几年一直在调研和写作当中。我爱你！

各地的教师——谢谢你们对学生的生活产生了真正的影响，我欣赏这么多教育工作者相信并投入关于学生参与的下一代工作。

我感激亲密的工作伙伴带给我的支持——我的家人，朱迪（Judy）、乔什（Josh）、乔登（Jordon）和洛根（Logan），还有本套丛书里的其他作者。

致教育工作者和政策制定者，他们知道学生在学校不仅仅是为了考试成绩；也致我的家人——珍妮（Jenny）、汉娜（Hannah）和山姆（Sam）。

参考文献

Abler, R. (2012, December 31). Deeper learning: A collaborative classroom is key [Web log message]. Retrieved from http://www.edutopia.org/blog/deeper-learning-collaboration-key-rebecca-alber

Ames, C., & Archer, J. (1988). Achievement goals in the classroom: Students' learning strategies and motivation processes. *Journal of Educational Psychology, 80*(3), 260–267.

Annual Report of the Superintendent of Common Schools of the State of New York. (2012). Charleston, SC: Nabu Press.

Ariely, D. (2013, April).What motivates us at work? The fascinating studies that gives insight. *TED Talks.* [Video]. Retrieved from http://blog .ted. com/2013/04/10/what-motivates-us-at-work-7-fascinating-studies-that-give-insights/

Assor, A. (2011). Autonomous moral motivation: Consequences, socializing antecedents and the unique role of integrated moral principles. In M. Mikulincer & P. R. Shaver (Eds.), S*ocial psychology of morality: Exploring the causes of good and evil.* Washington, DC: American Psychological Association.

Bandura, A. (1995). *Self-efficacy in changing societies*. New York: Cambridge University Press.

Barell, J. (2003). *Developing more curious minds*. Alexandria, VA: Association for Supervision and Curriculum Development.

Baumeister, R., & Tierney, J. (2011). *Willpower: Rediscovering the greatest human strength*. New York: Penguin Press.

Baseball Almanac. (2000–2014). Retrieved from http://www.baseball-almanac.com/hitting/histrk1.shtml

Barseghian, T. (2015, January 1). *How to foster grit, tenacity and perseverance: An educator's guide.* Retrieved from http://blogs.kqed.org/mindshift/2013/02/how-to-foster-grit-tenacity-and-perseverance-an-educators-guide/
184 THE CLARITY SERIES: CREATING PASSIONATE LEARNERS

Berns, R., & Erickson, P. (2001). *Contextual teaching and learning preparing students for the new economy.* Columbus, OH: National Dissemination Center for Career and Technical Education.

Black, A. E., & Deci, E. L. (2000). The effects of instructors' autonomy support and students' autonomous motivation on learning organic chemistry: A self-determination theory perspective. *Science Education, 84*, 740–756.

Blackwell, L., Trzesniewski, K., & Dweck, C. (2007). Implicit theories of intelligence predict achievement across an adolescent transition: A longitudinal study and an intervention. *Child Development, 78*, 246–263.

Blinco, P. M. A. (1993). Persistence and education: The formula for Japan's economic success. *Comparative Education, 29*(2), 171–183.

Bloom, B. (1956). *Taxonomy of educational objectives: The classification of educational goals*. New York: Longmans.

Blumberg, A., & Blumberg, P. (1985). *The school superintendent: Living with conflict.* New York: Teachers College, Columbia University.

Bocelli, A., Foster, D., Schwartz, A., Foster, G., & Skylark, N. (2006). Because we believe [Recorded by Andrea Bocelli]. On Amore [Album]. Peermusic Publishing, Spirit Music Group.

Boggiano, A. K., Flink, C., Shields, A., Seelbach, A., & Barrett, M. (1993). Use of techniques promoting students' self-determination: Effects on students' analytic problem-solving skills. *Motivation and Emotion, 17,* 319–336.

Brendgen, M., Wanner, B., Vitaro, F., Bukowski, W., & Tremblay, R. (2007). Verbal abuse by the teacher during childhood and academic, behavioral, and emotional adjustment in young adulthood. *Journal of Educational Psychology, 99*(1), 26–38.

Bruner, J. S. (1960). *The process of education.* Cambridge, MA: Harvard University Press.

Bruner, J. S. (1966). *Toward a theory of instruction.* Cambridge, MA: Belknap Press.

Bruner, J. (1996). *The culture of education.* Cambridge, MA: Harvard University Press.

Bryk, A., & Schneider, B. (2002). *Trust in schools: A core resource for improvement.* New York: Russell Sage Foundation.

Burnett, P. C. (1999). Children’s self-talk and academic self-concepts. *Educational Psychology in Practice, 15*, 195–200.

Burton, W., Brueckner, L., & Barr, A. (1955). *Supervision, a social process* (3rd ed.). New York: Appleton-Century-Crofts.

Bush, G. (2000, July 10). Text: George W. Bush’s speech to the NAACP. Retrieved from http://www.washingtonpost.com/wp-srv/onpolitics/ elections/ bushtext071000.htm

Carr, N. (2010). *The shallows: What the Internet is doing to our brains.* New York: W.W. Norton.

Catalano, R. F., Haggerty, K. P., Oesterle, S., Flemming, C. B., & Hawkins, J. D. (2004). The importance of binding to school for healthy development: Findings from the social development research group. *Journal of School Health, 74*(7), 252–261.

Chafouleas, S., Riley-Tillman, C., & Sugai, G. (2007). *School-based behavioral assessment: Informing intervention and instruction.* New York: Guilford.

Cherepinsky, V. (2011). Self-reflective grading: Getting students to learn from their mistakes. PRIMUS: *Journal of Problems, Resources, and Issues in Mathematics Undergraduate Studies, 21*(3), 294–301.

Chomsky, N., & Otero, C. (2003). *Chomsky on democracy & education.* New York: RoutledgeFalmer.

Christenson, S. L., Reschly, A. L., & Wylie, C. (Eds.). (2012). *Handbook of research on student engagement.* New York: Springer.

Costa, A. L., & Garmston, R. J. (2002). *Cognitive coaching: A foundation for renaissance schools.* Norwood, MA: Christopher-Gordon.

Costa, A. L., & Garmston, R. J. (2005). *Cognitive coaching foundation seminar* (6th ed.). Highlands Ranch, CO: Center for Cognitive Coaching.

Costa, A. L., & Kallick, B. (2008). *Learning and leading with habits of mind.* Alexandria, VA: Association for Supervision and Curriculum Development.

Costa, A. L., & Kallick, B. (2014). *Dispositions: Reframing teaching and learning.* Thousand Oaks, CA: Corwin.

Craven, R., Marsh, H., & Debus, R. (1991). Effects of internally focused feedback and attributional feedback on enhancement of academic self-concept. *Journal of Educational Psychology, 83*, 17–27.

Crooks, T. (1988). The impact of classroom evaluation practices on students. *Review of Educational Research, 58*(4), 438–481.

Csikszentmihalyi, M. (1990). *Flow: The psychology of optimal experience.* New York: HarperCollins.

Cubberley, E. (1922). *A brief history of education: A history of the practice and progress and organization of education.* Boston, MA: Houghton Mifflin.

Curtin, J. (1998). *Elvis: Unknown stories behind the legend.* Nashville, TN: Celebrity.

Dalai Lama Center. (2013, December 8). Can you teach compassion? [Web log message]. Retrieved from http://dalailamacenter.org/blog-post/can-you-teach-compassion

Danielson, C. (2007). *Enhancing professional practice: A framework for teaching* (2nd ed.). Alexandria, VA: Association for Supervision and Curriculum Development.

Dean, C., Hubbell, E., Pitler, H., & Stone, B. (2012). *Classroom instruction that works: Research-based strategies for increasing student achievement.* Alexandria, VA: Association for Supervision and Curriculum Development.

Deci, E., & Flaste, R. (1995). *Why we do what we do: Understanding self-motivation*. New York: Penguins.

Deci, E. L., & Ryan, R. M. (1991). A motivational approach to self: Integration in personality. In R. Dienstbier (Ed.), *Nebraska symposium on motivation: Perspectives on motivation* (Vol. 38, pp. 237–288). Lincoln: University of Nebraska Press.

Deci, E. L., & Ryan, R. M. (2000). The "what" and "why" of goal pursuits: Human needs and the self-determination of behavior. *Psychological Inquiry, 11*(4), 227–268.

Deming, W. (2000). *Out of the crisis.* Cambridge: Massachusetts Institute of Technology, Center for Advanced Engineering Study.

Dewey, J. (1916). *Democracy and education: Introduction to the philosophy of education.* New York: MacMillan.

Dewey, J. (1937). Lectures in educational philosophy (Unpublished stenographic typescript). Center for Dewey Studies, Southern Illinois University, Carbondale. Retrieved from http://docs.lib.purdue.edu/cgi/viewcontent.cgi?article=1467&context=eandc

Dickmann, M., & Stanford-Blair, N. (2009). *Mindful leadership: A brain-based framework* (2nd ed.). Thousand Oaks, CA: Corwin.

Doll, R., & Hill, A. (1950, September). Smoking and carcinoma of the lung.

British Medical Journal, 2(4682), 739–748.

Dooly, M. (2008). *Telecollaborative language learning: A guidebook to moderating intercultural collaboration online.* Bern, Switzerland: Lang.

Downing, S. (2011). *On course: Strategies for creating success in college and in life* (6th ed.). Boston, MA: Wadsworth.

Drucker, P. (2002). *The effective executive.* New York: HarperCollins.

Duckworth, A. L., Peterson, C., Matthews, M. D., & Kelly, D. R. (2007). Grit: Perseverance and passion for long-term goals. *Journal of Personality and Social Psychology, 92*, 1087–1101.

Dunlosky, J., & Metcalf, J. (2009). *Metacognition*. Thousand Oaks, CA: Sage.

Dweck, C. S. (2000). *Self-theories: Their role in motivation, personality, and development.* New York: Psychology Press.

Dweck, C. S. (2006). *Mindset: The new psychology of success.* New York: Random House.

Dweck, C. S. (2010). Mind-sets and equitable education. *Principal Leadership, 10*(5), 26–29.

Dweck, C. (Performer). (2012). *Changing mindset webinar.* Retrieved from http://vts.inxpo.com/scripts/Server.nxp?LASCmd=AI:4;F:APIUTILS!51004&PageID=EB2B7AEA-758E-480E-BF41–6173545BA12A&AffiliateData=EM-10.29

Dweck, C. S., & Elliot, E. S. (1983). Achievement motivation. In P. Mussen & E. M. Hetherington (Eds.), *Handbook of child psychology* (4th ed., pp. 643–691). New York: Wiley.

Dweck, C., Walton, G. M., & Cohen, G. L. (2011). *Academic tenacity: Mindsets and skills that promote long-term learning.* Paper presented at the Gates Foundation, Seattle, WA.

Elliot, A., & Dweck, C. (2005). *Handbook of competence and motivation.*

New York: Guilford.

Elmore, R. F. (2006). What (so-called) low-performing schools can teach (so-called) high-performing schools. *Journal of Staff Development, 27*(2), 43–45.

Engel, S. (2013). The case for curiosity. *Educational Leadership, 70*(5), 36–40.

Epstein, J. L., & McPartland, J. M (1976). The concept and measurement of the quality of school life. *American Educational Research Journal, 13*, 15–30.

Ericsson, K. (2006). *The Cambridge handbook of expertise and expert performance.* Cambridge, UK: Cambridge University Press.

Ericsson, K., & Charness, N. (1994). Expert performance: Its structure and acquisition. *American Psychologist, 49*(8), 803–804.

Ericsson, K., Krampe, R., & Tesch-Römer, C. (1993). The role of deliberate practice in the acquisition of expert performance. *Psychological Review, 100*(3), 363–406.

Ericsson, K., Prietula, M., & Cokely, E. (2007, July 1). The making of an expert. Retrieved from https://hbr.org/2007/07/the-making-of-an-expert

Family of Vince Lombardi. (2010, January 1). Famous quotes by Vince Lombardi. Retrieved from http://www.vincelombardi.com/quotes.html

Farrington, C.A., Roderick, M., Allensworth, E., Nagaoka, J., Keyes, T. S., Johnson, D.W., & Beechum, N. O. (2012). *Teaching adolescents to become learners. The role of noncognitive factors in shaping school performance: A critical literature review.* Chicago, IL: University of Chicago Consortium on Chicago School Research.

Felix, A. (2000). *Andrea Bocelli: A celebration.* New York: St. Martin’s Press.

Fine, J. (1997). Supervision for effective teaching in America 1910–1930. *The High School Journal, 80*(4), 40–54.

Finn, J. D. (1993). *School engagement and students at risk.* Washington, DC: National Center for Education Statistics.

Finn, J. D., & Zimmer, K. S. (2013). Student engagement: What is it? Why does it matter? In S. L. Christenson, A. L. Reschly, & C. Wylie (Eds.), *Handbook of research on student engagement* (pp. 97–132). New York: Springer.

Fredricks, J. A., Blumenfeld, P. C., & Paris, A. H. (2004). School engagement: Potential of the concept, state of the evidence. *Review of Educational Research, 74*(1), 59–109.

Friedman, T. (2005). *The world is flat: A brief history of the twenty-first century.* New York: Farrar, Straus and Giroux,

Frontier, A. (2007). *What is the relationship between student engagement and student achievement? A quantitative analysis of middle schools students' perceptions of their emotional, behavioral, and cognitive engagement as related to their performance on local and state measures of achievement.* (Doctoral dissertation). Retrieved from ProQuest. (ATT No. 3293073)

Frontier, T., & Rickabaugh, J. (2014). *Five levers to improve learning: How to prioritize for powerful results in your school.* Alexandria, VA: Association for Supervision and Curriculum Development.

Frontier, T., & Rickabaugh, J. (2015). Driving change. *Educational Leadership, 5*(72). Retrieved from http://www.ascd.org/publications/educational-leadership/feb15/v0172/num05/Driving-Change.aspx

Furrer, C., & Skinner, E. (2003). Sense of relatedness as a factor in children' s academic engagement and performance. *Journal of Educational Psychology, 95*(1), 148–162.

Gabler, N. (2006). *Walt Disney: The triumph of the American imagination.* New York: Knopf, Borzoi.

Gage, N. L., & Berliner, D. C. (1998). *Educational psychology.* Boston, MA: Houghton Mifflin.

Gallup. (2014, October 1). Gallup student poll. Retrieved from file:///Users/kim.brown/Downloads/Gallup Student Poll 2014 U.S. Overall Report (1).pdf

Gardner, H. (1983). Frames of mind: The theory of multiple intelligences. New York: Basic Books.

Gentry, M., Gable, R. K., & Rizza, M. G. (2002). Students' perceptions of classroom activities: Are there grade-level and gender differences? *Journal of Educational Psychology, 94*(3), 539–544.

Gibbons, M. (2014). *Motivating students and teaching them to motivate themselves.* Retrieved from http://selfdirectedlearning.com/teaching-self-directed-learning-tools/articles/empowering-students.html

Gladwell, M. (2008). *Outliers: The story of success.* New York: Little, Brown.

Glasser, W. (1998). *Choice theory: A new psychology of personal freedom.* New York: HarperCollins.

Gould, S. (1981). *The mismeasure of man.* New York: W.W. Norton.

Grant, H., & Dweck, C. (2003). Clarifying achievement goals and their impact. *Journal of Personality and Social Psychology, 85*(3), 541–553.

Graves, D. (2006). *A sea of faces: The importance of knowing your students.* Portsmouth, NH: Heinemann.

Hacker, J., Dunlosky, J., & Graesser, A. (2009). *Handbook of metacognitions in education.* New York: Routledge.

Hall, P., & Simeral, A. (2008). *Building teachers' capacity for success: A collaborative approach for coaches and school leaders.* Alexandria, VA: Association for Supervision and Curriculum Development.

Harvey, S., & Goudvis, A. (2007). *Strategies that work: Teaching comprehension for understanding and engagement.* Portland, ME: Stenhouse.

Hattie, J. (2009). *Visible learning: A synthesis of over 800 meta-analyses relating to achievement.* New York: Routledge.

Hattie, J. (2012). *Visible learning for teachers: Maximizing impact on learning*. London: Routledge.

Hattie, J., & Timperley, H. (2007). The power of feedback. *Review of Educational Research, 77*, 81–112.

Hatzigeorgiadis, A., Zourbanos, N., Mpoumpaki, S., & Theodorakis, Y. (2008). Mechanisms underlying the self-talk–performance relationship: The effects of motivational self-talk on self-confidence and anxiety. *Psychology of Sport and Exercise, 10*, 186–192.

Henderson, N. (2013). Havens of resilience. *Educational Leadership, 71*(1), 23–27.

Jacobs, J. E., Lanza, S., Osgood, W. D., Eccles, J. S., & Wigfield, A. (2002). Changes in children’ s self-competence and values: Gender and domain differences across grades one through twelve. *Child Develop- ment, 73*(2), 509–528.

Jang, H., Reeve, J., & Deci, E. L. (2010). Engaging students in learning activities: It is not autonomy support or structure, but autonomy support and structure. *Journal of Educational Psychology, 102,* 588–600.

Johnson-Smith, K. (2005). *Creating a safe space for students to take academic risks.* Learn North Carolina. Retrieved from http://www .learnnc.org/lp/editions/firstyear/258

Johnston, P. H. (2004). *Choice words: How our language affects children's language.* Portland, ME: Stenhouse.

Johnston, P. H. (2012). *Opening minds: Using language to change lives.* Portland, ME: Stenhouse.

Johnston, P. H., Woodside-Jiron, H., & Day, J. (2001). Teaching and learning literate epistemologies. *Journal of Educational Psychology, 93*(1), 223–233. doi: 10.1037/002200663.93.1.223

Kaplan, A., Gheen, M., & Midgley, C. (2002). Classroom goal structure and student disruptive behaviour. *British Journal of Educational Psychology, 72*(6), 191–211.

Katz, L. (1993). Dispositions: Definitions and implications for early childhood practices. *ERIC Clearinghouse on Elementary and Early Childhood Education,* 1–55.

Katz, I., & Assor, A. (2007). When choice motivates and when it does not. *Educational Psychology Review, 19,* 429–442.

Kelley, T., & Littman, J. (2001). *The art of innovation: Lessons in creativity from IDEO, America's leading design firm*. New York: Crown Business.

Klem, A., & Connell, J. (2004). Relationships matter: Linking teacher support to student engagement and achievement. J*ournal of School Health, 74*(7), 262–273.

Koestner, R., Ryan, R. M., Bernieri, F., & Holt, K. (1984). Setting limits on children' s behavior: The differential effects of controlling versus informational styles on intrinsic motivation and creativity. *Journal of Personality, 52*, 233–248.

Kohn, A. (1999). *Punished by rewards: The trouble with gold stars, incentive plans, A's, praise, and other bribes*. Boston, MA: Houghton Mifflin.

Kohn, A. (2004, November). Challenging students and how to have more of them. *Phi Delta Kappan.* Retrieved from http://www.alfiekohn .org/teaching/challenging.htm

Kohn, A. (2006). *The homework myth: Why our kids get too much of a bad thing*. Cambridge, MA: Da Capo Life Long.

Kolb, S., & Stevens-Griffith, A. (2009). I' ll repeat myself again?! Empowering students through assertive communication strategies. *Teaching Exceptional Children, 41*(3), 32–36.

Koutstaal, W. (2012). *The agile mind*. New York: Oxford University Press.

Lacy, J. (2009). 10 tips to connect with your child [Web log message]. Retrieved from http://www.pbs.org/thisemotionallife/blogs/10-tips-connectyour-child

Lan, W. (2005). Self-monitoring and its relationship with educational level and task importance. *Educational Psychology, 25,* 109–127.

Langford, D. P., & Cleary, B. A. (1995). *Orchestrating learning with quality.* Milwaukee, WI: ASQC Quality Press.

Lashinsky, A. (2012, January 19). Larry Page: Google should be like a family. *Fortune*. Retrieved from http://fortune.com/2012/01/19/larry-page-google-should-be-like-a-family/

Licht, B. G., & Dweck, C. S. (1984). Determinants of academic achievement: The interaction of children’ s achievement orientations with skill area. *Developmental Psychology, 20*, 628–636.

Loftin, R. L., Gibb, A. C., & Skiba, R. (2005). Using self-monitoring strategies to address behavior and academic issues. *Impact, 18*(2). Retrieved from https://ici.umn.edu/products/impact/182/over6 .html

Marks, H. M. (2000). Student engagement in instructional activity: Patterns in the elementary, middle, and high school years. American *Educational Research Journal, 37,* 153–184.

Marsh, H. W. (1989). Age and sex effects in multiple dimensions of self-concept: Preadolescence to early adulthood. *Journal of Educational Psychology, 81,* 417–430.

Martin, S. (2014). “Changing the Narrative: Evidence. Action. Impact.” Visible Learning Plus International Conference, Park Hyatt Aviara Resort, San Diego, CA. 18 July 2014. Lecture.

Marzano, R. (2007). *The art and science of teaching: A comprehensive framework for effective instruction*. Alexandria, VA: Association for Supervision and Curriculum Development.

Marzano, R. J., Pickering, D. J., & Pollock, J. E. (2001). *Classroom instruction that works: Research-based strategies for increasing student achievement.* Alexandria, VA: Association for Supervision and Curriculum Development.

Maslow, A. H. (1943). A theory of human motivation. *Psychological Review, 50*(4), 370–96. Retrieved from http://psychclassics.yorku .ca/Maslow/motivation.htm

Merton, R. (1949). *Social theory and social structure: Toward the codification of theory and research.* Chicago: The Free Press of Glencoe Illinois.

National Center for Education Statistics. (2014, January 1). Fast facts. Retrieved from http://nces.ed.gov/fastfacts/display.asp?id=16

National Research Council and the Institute of Medicine. (2004). *Engaging schools: Fostering high school students' motivation to learn.* Washington, DC: National Academy Press.

Newmann, F. M. (Ed.). (1992). *Student engagement and achievement in American secondary schools*. New York: Teachers College Press.

Obama, B. (2009, September 8). Prepared remarks of President Barack Obama: Back to school event. Retrieved from http://www.white house.gov/MediaResources/PreparedSchoolRemarks/

Pedersen, S., & Williams, D. (2004). A comparison of assessment practices and their effects on learning and motivation in a student-centered learning environment. *Journal of Educational Multimedia and Hypermedia, 13*(3), 283–306.

Perkins-Gough, D. (2013). The significance of grit: A conversation with Angela Lee Duckworth. *Educational Leadership, 71*(1), 14–20.

Piaget, J. (1923). *The language and thought of the child.* London: Routledge & Paul.

Piaget, J. (1947). *The psychology of intelligence*. London: Routledge & Paul.

Pianta, R. C., Hamre, B. K., & Allen, J. P. (2011). Teacher–student relationships and engagement: Conceptualizing, measuring, and impro- ving the capacity of classroom interactions. In S. L. Christenson, A. L. Reschly, & C. Wylie (Eds.), *Handbook research on student engagement.* New York: Springer.

Pilcher, J., & Largue, R. (2009). *How to lead teachers to become great: It's all about student learning.* Gulf Breeze, FL: Fire Starter.

Pink, D. H. (2009). *Drive: The surprising truth about what motivates us.* New York: Riverhead.

Popham, W. J. (2008). *Transformative assessment.* Alexandria, VA: Association for Supervision and Curriculum Development.

Prast, H., & Viegut, D. (2015). *Community-based learning: Awakening the mission of public schools.* Thousand Oaks, CA: Corwin.

Quaglia, R. J., & Corso, M. J. (2014). *Student voice: The instrument of change*. Thousand Oaks: CA: Corwin.

Rafanelli, S. (2012, November 6). Why cheat? More importantly, why not? Retrieved from http://www.challengesuccess.org/

Reeve, J. (2006). Teachers as facilitators: What autonomy-supportive teachers do and why their students benefit. *The Elementary School Journal, 106,* 225–236.

Reeve, J., Bolt, E., & Cai, Y. (1999). Autonomy-supportive teachers: How they teach and motivate students. *Journal of Educational Psychology, 91*(3), 537–548.

Reeve, J., Jang, H., Carrell, D., Barch, J., & Jeon, S. (2004). Enhancing students' engagement by increasing teachers' autonomy support. *Motivation and Emotion, 28,* 147–169.

Renzulli, J. S. (2010). *Freedom to teach.* Mansfield Center, CT: Creative Learning.

Reschly, A. L., & Christenson, S.L. (2013). Jingle, jangle and conceptual haziness: Evolution and future direction on engagement construct. In S. L.

Christenson, A. L. Reschly, & C. Wylie (Eds.), *Handbook of research on student engagement* (pp. 3–20). New York: Springer.

Rickabaugh, J. (2011, May 5). Interview by K. Cooke [Lecture]. Superintendency, Cardinal Stritch University.

Romanowski, M. H. (2004, Summer). Student obsession with grades and achievement. *Kappa Delta Pi Record, 40*(4), 149–151.

Roth, G., Assor, A., Niemiec, P. C., Ryan, R. M., & Deci, E. L. (2009). The negative consequences of parental conditional regard: A comparison of positive conditional regard, negative conditional regard, and autonomy support as parenting strategies. *Developmental Psychology, 4*, 1119–1142.

Rotter, J. B., Chance, J. E., & Phares, E. J. (1972). *Applications of a social learning theory of personality.* New York: Holt, Rinehart & Winston.

Russell, B. (1939). Education for democracy. *Addresses and Proceedings of the National Education Association, 77*. (See also Philosophy for laymen. [1950]. In *Unpopular Essays.* London: George Allen and Unwin.)

Russell, J., & Cohn, R. (2012). *Is Google making us stupid?* Retrieved from http://books.google.com/books/about/Is_Google_Making_Us_Stupid.html?id=KlZwMAEACAAJ

Ryan, A. M., Gheen, M. H., & Midgley, C. (1998). Why do some students avoid asking for help? An examination of the interplay among students academic efficacy, teachers social-emotional role, and the classroom goal structure. *Journal of Educational Psychology, 90*, 528–535.

Ryan, R., & Deci, E. (2000). Self-determination theory and the facilitation of intrinsic motivation, social development, and well-being. *American Psychology, 55*, 68–78.

Sagor, R. (1996). Building resiliency in students. *Educational Leadership, 54*(1), 38–43. Retrieved from http://www.ascd.org/publications/educational-leadership/sept96/v0154/num01/Building-Resi liency-in-Students.aspx

Saphier, J., Haley-Speca, M., & Gower, R. (2008). *The skillful teacher: Building your teaching skills* (6th ed.). Acton, MA: Research for Better Teaching.

Scherer, M. (Ed.). (2005). Valuing children. *Educational Leadership, 63* (1), 7.

Schlechty, P. (1997). *Inventing better schools: An action plan for educational reform*. San Francisco, CA: Jossey-Bass.

Schlechty, P. (2002). *Working on the work: An action plan for teachers, principals, and superintendents*. San Francisco, CA: Jossey-Bass.

Schlechty, P.C. (2011). *Engaging students: The next level of working on the work.* San Francisco, CA: Jossey-Bass.

Schunk, D. H. (2009, December 21). Goal setting [Web log message]. Retrieved from http://www.education.com/reference/article/goal-setting/

Schunk, D. H., & Mullen, C.A. (2012). Self-efficacy as an engaged learner. In S. L. Christenson, A. L. Reschly, & C. Wylie (Eds.), *Handbook of research on student engagement* (pp. 219–235). New York: Springer.

Schunk, D. H., & Rice, J. M. (1991). Learning goals and progress feedback during reading comprehension instruction. *Journal of Reading Behavior, 23,* 351–364.

Scriven, M., & Paul, R. (1987, Summer). *Critical thinking as defined by the National Council for Excellence in Critical Thinking*. Retrieved from https://www.criticalthinking.org/pages/defining-critical-think ing/766

Self-Brown, S., & Matthews, II, S. (2003). Effects of classroom structure on student achievement goal. *The Journal of Educational Research, 97*(2), 106–111.

Seligman, M., Revich, K., M.A., Jaycox, L., & Gilham, J. (2007). *An optimistic child: A proven program to safeguard children against depression and build lifelong resilience.* New York: Houghton Mifflin.

Shapira, Z. (1976). Expectancy determinants of intrinsically motivated behavior. *Journal of Personality and Social Psychology, 34,* 1235–1244.

Shepard, L. A. (2000). The role of assessment in a learning culture. *Educational Researcher, 29*(7), 4–14.

Shernoff, D., Csikszentmihalyi, M., Schneider, B., & Shernoff, E. (2003). Student engagement in high school classrooms from the perspective of flow theory. *School Psychology Quarterly, 18*(2), 158–176.

Skinner, E., & Belmont, M. (1993). Motivation in the classroom: Reciprocal effects of teacher behavior and student engagement across the school year. *Journal of Educational Psychology, 85*(4), 571.

Smith, K. A., Sheppard, S. D., Johnson D. W., & Johnson, R. T. (2005). Pedagogies of engagement: Classroom-based practices. *Journal of Engineering Education, 94*(1), 87–102.

Spring, J. (2011). *American education* (15th ed.). New York: McGraw-Hill.

Sternberg, R. J. (2005). Intelligence, competence, and expertise. In A. J. Elliot & C. S. Dweck (Eds.), *Handbook of competence and motivation* (pp. 15–30). New York: Guilford.

Stevenson, H. W., & Stigler, J. W. (1992). *The learning gap: Why our schools are failing and what we can learn from Japanese and Chinese education.* New York: Summit Books.

Stiggins, R. (2001). *Student-involved classroom assessment* (3rd ed.). Upper Saddle River, NJ: Merrill Prentice Hall.

Studer, Q. (2003). *Hardwiring excellence.* Gulf Breeze, FL: Fire Starter.

Taylor, F. (1911). *The principles of scientific management.* New York: Harper and Brothers.

U.S. Department of Education. (2013, January 1). Homeroom. In *NCES common core of data state dropout and completion data file, school year 2009–10, version 1a.* National Center for Education Statistics, Common Core of Data.

Retrieved from http://www.ed.gov/blog/ 2013/01/high-school-graduation-rate-at-highest-level-in-three-decades/

Vallerand, R. J., Fortier, M. S., & Guay, F. (1997). Self-determination and persistence in a real-life setting: Toward a motivational model of high school dropout. *Journal of Personality and Social Psychology, 72,* 1161–1176.

Vezzali, L., Stathi, S., Giovannini, D., Capozza, D., & Trifiletti, E. (2014). The greatest magic of Harry Potter: Reducing prejudice. *Journal of Applied Psychology*. doi: 10.1111/jasp.12279

Vygotsky, L. S. (1978). *Mind in society: The development of the higher psychological processes*. Cambridge, MA: Harvard University Press.

Vygotsky, L. S. (1989). Concrete human psychology. *Soviet Psychology, 27*(2), 53–77.

Webb, N. (1997). *Criteria for alignment of expectations and assessments in mathematics and science education.* Madison, WI: National Institute for Science Education.

Whimbey, A. (1980, April). Students can learn to be better problem solvers. *Educational Leadership,* 559–565. Retrieved from http://www .ascd.org/ascd/pdf/journals/ed_lead/el_198004_whimbey.pdf

Wielsen, N. (2014, January 14). Teaching persistence: How to build student stamina [Web log message]. Retrieved from http://www .scilearn.com/blog/teaching-persistence-how-to-build-student-stamina

Willingham, D. T. (2007). Can critical thinking be taught? *American Educator, Summer*, 8–19.

Willingham, D. (2011, Summer). Can teachers increase students’ self-control. *American Educator*, 22–27. Retrieved from http://www.aft.org//sites/default/files/periodicals/Willingham_3.pdf

Willms, J. D. (2003). *Student engagement at school: A sense of belonging and participation.* Paris, France: Organization for Economic Co-operation and

Development.

Winkler, M. (2013). What makes a hero? *TED-ed.* [Video]. Retrieved from http://ed.ted.com/lessons/what-makes-a-hero-matthew-winkler

Wynder, E., & Graham, E. (1950). Tobacco smoking as a possible etiologic factor in bronchiogenic carcinoma: A study of six hundred and eighty-four proved cases. *JAMA: The Journal of the American Medical Association, 253*(20), 2986–2994.

Yazzie-Mintz, E. (2006). *Voices of students on engagement: A report on the 2006 high school survey of student engagement.* Bloomington: Center for Evaluation & Education Policy, Indiana University.

Yeager, D., Purdie-Vaughns, V., Garcia, J., Apfel, N., Brzustoski, P., . . . Master, A. (2013). Breaking the cycle of mistrust: Wise interventions to provide critical feedback across the racial divide. *Journal of Experimental Psychology: General*, 1–21. doi: 10.1037/a0033906

Zourbanos, N., Hatzigeorgiadis, A., Tsiakaras, N., Chroni, S., & Theodorakis, Y. (2010). A multimethod examination of the relationship between coaching behavior and athletes’ inherent self-talk. *Journal of Sport and Exercise Psychology, 32,* 764–785.

Zumbrunn, S., Tadlock, J., & Roberts, E. (2011, October 1). Encouraging self-regulated learning in the classroom: A review of the literature. Retrieved from http://www.self-regulation.ca/download/pdf_docu ments/Self%20 Regulated%20Learning.pdf